中國與西亞文化 交流史

（起源篇）

薩珊錢幣、米提亞衣料、蜻蜓眼玻璃珠……
座落兩大流域的古老文明，交織出絢爛多彩的歷史遺產

古伊朗稱中國為支尼（Čini），這個詞其實源自周朝國姓？
生長於西亞和非洲的獅子，如何變成東漢皇帝的御用神獸？
神話傳說中的懸圃仙境，其由來就是巴比倫塔與空中花園？

沈福偉 著

秦時期的中原諸國，已然可見西亞文明的影子，
黃河文明在飛速成長後，又透過游牧民族向外傳播。

從工藝設計到紡織圖畫，從思想信仰到技術發展，
一窺中國與西域如何產生連繫，並相互影響了後世數千年！

目錄

前言 005

第一章　中華文化和西亞文化 011

第一節　西亞文化源流 012

第二節　中國和西亞文化交流綜述 026

第二章　中國與美索不達米亞古文明 045

第一節　亞洲冶銅文明的中心：西亞與東亞 046

第二節　彩陶文化的多元起源 060

第三節　馬文化從庫班草原走向中國 064

第四節　中華文明向西的傳播者：西周國 068

第五節　《山海經》中的美索不達米亞 073

第三章　中國和伊朗文化交流（考古篇） 089

第一節　漢代以前的伊朗和中國 090

第二節　漢代流行的安息文化 107

第三節　薩珊波斯和中國 143

第四節　元代中伊文化交流 188

目錄

參考文獻 ··· 209

後記 ··· 223

前言

　　西亞是有著廣闊的山林、平原和沙漠的地區。這裡曾是人類最早繁衍、活動的地區之一，西元前 4000 年就孕育了世界上最古老的美索不達米亞文明。從此以後，輝煌的西亞文明就像哺育它的底格里斯河和幼發拉底河一樣滔滔不絕，綿延至今。

　　西亞和以中國為代表的東亞是世界上最早崛起的兩大古文明的搖籃，彼此在兩千多年前就開始了文化的接觸。作為一個地理區域，西亞離中國並不遙遠。從阿富汗、伊朗向西，有伊拉克、土耳其、賽普勒斯、敘利亞、黎巴嫩、約旦、以色列、巴勒斯坦、沙烏地阿拉伯、科威特、巴林、卡達、阿拉伯聯合大公國、阿曼、葉門，這些國家和地區分屬於不同的民族和文化體系，在文明演進的舞臺上扮演著各不相同的角色。伊朗、阿拉伯、土耳其是播送西亞文明的三大主要地區。

　　前 6 世紀，居住在伊朗高原的波斯人和米提亞人繼承巴比倫和亞述文明，建立起一個強大的波斯帝國。大流士一世（Darius I）（西元前 522 － 前 486 年在位）統治時，這位身兼巴比倫和埃及國王的波斯君主建立了世界歷史上第一個地跨亞、非、歐三大洲的大帝國，使伊朗人的文明資訊向東推進到了中國的西部邊境。隨後，希臘文化緊隨馬其頓的亞歷山大東征在亞洲中西部發揚光大，羅馬帝國則席捲地中海世界，勢力伸向波斯灣和紅海。為發揚伊朗文化，立國伊朗東部的帕提亞王朝和薩珊波斯繼續與西方相抗爭。但希臘、羅馬的文化邊界卻一直推進到了中亞細亞，進入了中國的新疆和南亞的印度河流域。中國西部由此形成希臘文化、伊朗文化、印度文化與華夏文化交相輝映的文化景觀。

　　7 世紀，游牧的阿拉伯人在走出沙漠、席捲西亞和地中海南岸以後，

伊斯蘭文明便替代以往各種文明，在這一地區占據了統治地位。阿拉伯哈里發統治下的帝國再次以地跨亞、非、歐三大洲的宏偉版圖展現了新的伊斯蘭文明的威力。伊朗文化作為一種高度發展的城市文明，在傳播阿拉伯文化的過程中扮演了十分重要的角色。哈里發帝國建立後的兩個世紀，阿拉伯人已消化了伊朗的各種學問，吸納了希臘文化、希伯來文化和印度文化，甚至還有中國的工藝和科學知識，成為古典文明的一個無可爭議的繼承者，並成為東西方文明交會的中心。阿拉伯人建立的阿拔斯王朝的新都巴格達就是這個中心的中心。

在阿拉伯世界中，文明傳遞的趨勢逐漸由早先的東西雙向交會轉變成滾滾浪潮自東向西單向奔流的格局。10 世紀末，阿拉伯帝國在文化體系上已呈現出至少三個群體的態勢：伊朗、伊拉克為它的東支；北非、科爾多瓦為它的西支；敘利亞、埃及則構成介於東西支系之間的又一支系。由此出現了三個文明中心並列的歷史：東部的巴格達、居中的開羅和西部的科爾多瓦。這就使文化的資訊、文明的脈搏在亞、非、歐三大洲透過三點聯成了一線。科爾多瓦的穆斯林在 11 世紀到 13 世紀發動了將阿拉伯學術傳送給歐洲基督教徒的文化運動，為歐洲走出黑暗的中世紀傳遞了知識的鑰匙，開啟了智慧的門戶。其間雖有綿延兩個世紀之久（西元 1097 － 1291 年）的歐洲基督教十字軍的八次東征，似乎一度使古代希臘、羅馬文明與伊朗文明之間曾經有過的東西匯合的局面在基督教文明與伊斯蘭教文明之間再現，然而此刻統治西亞、北非的阿拉伯人以文明世界中心的騎士風度與全副戎裝的基督教騎士團鏖戰到底，使文明傳遞的洪波依然滾滾向西。那時是東方文明主導西方文明的成長與發展。

在蒙古人統治伊朗和占有美索不達米亞期間，經過與西方基督教國家軍事較量、磨練的埃及馬木路克王朝成為阿拉伯世界的中流砥柱。阿拉伯

文化的中心由伊拉克轉向埃及，開羅奠定了它作為穆斯林世界文化中心的地位。

　　建立在拜占庭文明廢墟上的鄂圖曼帝國於 15 世紀在小亞細亞崛起。它繼承阿拉伯人開創的事業，再度為締造一個地跨亞、非、歐三洲的大帝國而征戰了近三個世紀。到蘇萊曼一世（Suleiman I）（西元 1520 － 1566 年在位）時期臻於極盛，昔日哈里發雄視世界的盛況重又出現在西亞、非洲。帝國的版圖跨越克里米亞，伸向尼羅河第一瀑布，從匈牙利的布達佩斯一直抵達波斯灣的巴林。唯有伊朗卻從此另立一方，脫離了阿拉伯世界，在兵連禍結中獲得獨立。土耳其人從阿拉伯人那裡獲得了科學、宗教和社會經濟的管理知識，連書寫用的字母也借自阿拉伯文，並一直使用到 1928 年。鄂圖曼帝國從 16 世紀起便一直接受西方國家的挑戰，先後與葡萄牙、威尼斯、熱那亞、法國、英國甚至美國發生衝突。西方文化對土耳其的衝擊開始於拿破崙對埃及的戰爭，此後法國、英國連同美國相繼在敘利亞、埃及和北非興辦學校，為以後蠶食鯨吞這些地方撒下網罟。

　　西元 1840 年後，土耳其已被英、俄、奧、普四個歐洲列強所挾持，接著是整個非洲被列強瓜分完畢，西亞、非洲的政治格局大為改變，「近東」、「中東」漸成西方列強政界的常用名詞。1907 年英、俄瓜分伊朗，1920 年土耳其被英、法宰割。第二次世界大戰前夕，在西亞、非洲地區，只有窮蹙於小亞細亞的土耳其和紅海西岸的衣索比亞以及大西洋海濱的賴比瑞亞算是獨立的國家。第二次世界大戰結束後，西亞、非洲民族解放運動蓬勃開展，才使這片廣大的土地掙脫殖民統治的鎖鏈，獲得了獨立。

　　從亞洲東部向西部內陸伸展的中華文明，在地理上和不足 500 萬平方公里的西亞之間雖有千山之隔，卻有一條狹窄的高原走廊相連，它便是位於中國新疆西南的塔什庫爾干和帕米爾高原西部的阿富汗之間的瓦罕山

谷。這條東西貫通興都庫什山脈的谷道在 2 世紀時名叫休密，後來又稱缽和、胡密（護密），將中國和西亞連到了一起，在 3,000 年前已是居民和商旅東西出入的孔道了，2,000 年前更是著名的絲綢之路分別從撒馬爾罕和阿富汗通往西亞的必經之路。從那時起，中國和西亞便有理由被視作兩個有著廣泛的系統連繫的文化實體。

從比較文化的角度去尋求東亞和西亞之間的文化共識，探討歷史的蹤跡，整理彼此的異同，總結交流的經驗，可以獲得以下幾點認知：

西亞曾經長期是世界文明的中心。西亞的居民早在西元前 4000 年就首先揭開了世界文明史的序幕，並在此後長期在人類文明的進程中扮演重要的角色。直到 17 世紀，西亞文明仍然具有強大的生命力。在最近兩個世紀中，中近東一直是舉世矚目的地區之一。

古老的中華文明曾長期從西亞吸納優秀的文化要素，以豐富自身的文明內涵，拓展自己的文明進程。自戰國時代起，西亞的文明古國伊朗就與南亞的印度相並列，在長達 2,000 年的時間中一直是中華文明互通資訊、互相借鑑的主要對象。在歐洲工業文明從大西洋跨越浩瀚的海洋來到中國以前，西亞一直是中國和地中海世界取得連繫的必由之路。中國借助這一地區校正自身的文明機制，調整文明前進的步伐。中國長期從這一地區獲取自己的需求，無論是工藝製造、園藝栽培還是原料、礦物、藥材、馬匹、皮毛等各類資源，甚至包括法律、制度在內的各項精神文明，有些已融化於中華文明之中，成為中國傳統文化的一部分。

西亞是中華文明向西方傳播並發揚光大的中繼站，是工業文明興起以前中國和歐洲基督教世界溝通的紐帶。伊朗是世界上最早使用並向西傳導中國發明的絲絹、植物纖維紙和弩機的國家之一。阿拉伯人興起以後，造紙術、印刷術、煉丹術，連同瓷器、羅盤、火藥都首先在當時擁有高度文

明的西亞得到移植與傳播，並推動著整個地中海世界也步入西亞文明的圈子。中國的這些發明先後經過伊朗人、阿拉伯人之手跨越地中海，傳入歐洲。直到法國大革命前夕，歐洲的改革家如杜爾哥（Anne Turgot）等人還念念不忘，想透過了解中國養蠶、造紙、製瓷等產業的技術來改進歐洲大陸的製造業，改善歐洲的社會生活。

中世紀高度發展的西亞文明催生了歐洲近代文明，是歐洲現代文明的起點。阿拉伯世界的科學與文化改變了歐洲的落後面貌，使歐洲學會了向東方學習，去迎接自己的文藝復興時代。歐洲的文藝復興運動最初從義大利半島展開，先從拉丁語和古文字的研究啟動。義大利最接近阿拉伯世界，在商業上曾長期仰賴於埃及、黎凡特和小亞細亞。文藝復興運動之所以從文字學、文獻學開始，是由於歐洲的科學、文化水準與伊斯蘭文明世界相比差距太大。當時歐洲的文盲很多，要想學術昌明，科學發展，還得從文字、文獻展開。在大亞爾卑爾特和羅傑‧培根（Roger Bacon）的時代，歐洲煉丹術士開始從中國和阿拉伯的煉丹家那裡獲得技術祕密，經過好幾個世紀的傳承，才引發了化學科學的誕生。羅盤和火藥在歐洲近代文明發展過程中的意義遠比法國大革命深遠。從伊斯蘭文明對歐洲工業文明的貢獻中不難看出，中華文明已成為伊斯蘭文明極富生機的組成部分，以致直到 20 世紀初，歐洲人仍然認為襤褸紙、煉丹術、火藥、火器都是阿拉伯人的偉大創造。

西亞文明在世界多元文明體系中具有重要的地位。歐洲殖民時代的終結，歐洲中心論被多元文明論替代，使人們得以重新審視中華文明、伊斯蘭文明、基督教文明以及其他文明對人類文明進程同等重要的貢獻。在當今世界，以西亞為母體的伊斯蘭文明仍然是值得重視的一股巨大的力量。

沈福偉

第一章
中華文化和西亞文化

■ 第一節
西亞文化源流

一、前伊斯蘭文化時期

西亞與非洲是世界上最古老的文明誕生的地方。美索不達米亞和尼羅河下游三角洲在西元前 7000 年已經萌發了文明的幼芽，逐步擺脫採集經濟，開始有了農業與畜牧業。經過漫長的探索與追求，金屬冶煉與城市生活隨之展開，文明在這些地區首先開出燦爛的花朵。

西亞東部自伊朗高原開始，西部到地中海為止，有著一塊新月形的沃土，由西奈半島向東伸展到幼發拉底河和底格里斯河。這是西亞最適宜於農耕和定居的地方，從那裡萌發了古老的美索不達米亞文明。當地居民仰賴兩河在每年河泛期間供給充足的水量，如同埃及依靠尼羅河一樣。

游牧民族絡繹進入這一沃土，促使文明社會的誕生。在西元前 3400 年的烏爾，首先出現了歐羅巴人的蘇美王朝，後來又有西臺人、都蘭人、凱西特人和波斯人的移入。最重要的是那些來自阿拉伯沙漠的閃族人群，巴比倫人、亞蘭人和亞述人注定最後成為這裡的統治者。蘇美人創造了刻畫在泥板上的楔形文字，發明了一種一年分為 12 個月並有閏月的太陰曆，使用陶輪和車，採用 60 進位的計數法。他們的創世神話、洪水和巴比倫塔的故事，後來被希伯來人寫進了《舊約》。蘇美的城市在前 3000 年被閃族的游牧民所征服，阿卡德人、巴比倫人相繼占有這塊人間樂土。法律的制定，運河、道路的建設，城市生活和神廟制度進一步得到完善，都是這一時期文明發展的象徵。前 1700 年，騎馬民族凱西特人入侵，毀壞了巴比倫人的文明，使美索不達米亞跨入另外一個時期。巴比倫人重視寺

廟、學校，創作了偉大史詩《吉爾伽美什》，進一步改良太陰曆，把一年按月亮盈虧分作日數不等的 12 個月。前 8 世紀末，亞述人繼承巴比倫文化，占領了美索不達米亞，領土從托羅斯山脈伸展到埃及邊境。亞述人使軍事機器極度擴張，裝備有鐵兵器、攻城機、戰車的軍隊成了國家的命脈。中央集權的專制政治，開啟了世界上最早的郵傳制度。精工製作的浮雕是亞述藝術的代表，動物或人獸搏鬥的英雄圖像，特別是作為權力和強敵代表的獅子，以引人注目的題材出現在各種古建築中。在那裡，亞述的雕匠已將力和情操完全融合為一了。

波斯波利斯城遺址

　　肥沃新月的西部，缺少發展農業的廣闊平原，海和沙漠促使那裡的居民奮戰於於畜牧與海外經商，西臺人、亞蘭人、希伯來人和腓尼基人相繼流徙在這一地區。西臺人建國於小亞細亞的中部，在前 14 世紀中葉進入盛期，他們對文明世界的貢獻是使用比之銅、石器更為鋒利的鐵器。他們

的建築藝術，諸如宮牆、迴廊和裝飾藝術，都被亞述人所繼承。前 10 世紀來臨的時候，亞蘭人統馭了小亞細亞和西南亞洲的陸上貿易，在大馬士革建立了強有力的城邦。他們創造的拼音文字，代替象形文字和楔形文字，成為通行文字。亞蘭語曾是地中海東部地區通用的語言，長時期給後人留下巨大的影響。

　　閃族的腓尼基人居住在黎巴嫩山以西的地中海沿岸，貧瘠的土地驅使他們仰賴天然良港從事海外貿易。他們的足跡遍及地中海、愛琴海和黑海各地，甚至進入大西洋。他們一手建造了加地斯、迦太基和馬賽等沿海城市，並在地中海的馬爾他、賽普勒斯、西西里駐紮衛士。腓尼基人最大的貢獻是採用有 22 個符號的拼音字母，每個符號代表一個子音，按次序排列，構成了真正的拼音字母。後來希臘人又給它加上了母音，完成了拼音文字的創作。同樣屬於閃族的希伯來人，他們逐漸由早先居住的沙漠滲入巴勒斯坦，在北部建立以色列王國，在南部成立猶太王國。大衛（西元前 1010 －前 970 年在位）統一了分散的部眾。後來分裂的巴勒斯坦先後被亞述和迦勒底所征服，猶太人在前 586 年出奔埃及。在埃及，先知耶利米由猶太教確立的一神教，將耶和華演化成一個萬能的上帝。希伯來的文學作品透過宗教形式結集成《舊約》和《新約》，成了千古不朽的鴻篇巨制。

　　巴比倫、亞述文明的繼承者是波斯帝國。歐羅巴民族的波斯人和米提亞人在前 680 年後擊敗了亞述，在前 6 世紀建立起一個從地中海東岸到伊朗高原的大帝國。大流士一世（西元前 522 －前 486 年在位）統治時期，帝國東起印度，西至色雷斯和埃及。他身兼巴比倫和埃及國王，將其領土劃分成 20 個行省，分派總督（satrap）治理。波斯原先信奉自然神靈，到前 6 世紀，瑣羅亞斯德（Zoroaster）創立了以他的名字命名的宗教。他的一生被視作是與惡勢力不斷抗爭和勝利的一生。火被當作善與光明的神馬

茲達的象徵受到崇拜。瑣羅亞斯德教要求在善惡鬥爭中作出抉擇，馬茲達的旗幟是正義，他會援助站在他一邊的人。在瑣羅亞斯德的信念中，善與惡的鬥爭被認為直到人死之後仍然繼續存在。波斯的宗教觀以為人體只是精神所託付的機體，精神的要素生命可以超脫人體而行動和思想，因此瑣羅亞斯德的信徒習慣於棄屍郊野。雖然瑣羅亞斯德教後來變為世俗的、以魔法和禁忌為宣傳形式的宗教，但它關於地獄和惡魔的觀念卻被猶太人所借用，猶太人又傳給了基督教和崇拜太陽神的密特拉（Mithra）教。

西元前 334 年，馬其頓的亞歷山大發動了征服亞洲的戰爭。到前 322 年，馬其頓大軍已抵達印度河畔，亞歷山大帝國代替波斯帝國崛起於歐、亞、非三洲。希臘文化跟隨亞歷山大的軍事征服在亞洲西部和地中海南岸發育、成長，這使埃及、小亞細亞、伊朗、美索不達米亞、阿富汗和費爾干納都留下了希臘文化以及希臘君主建立的國家，歐亞文明的洪波第一次激蕩匯流在中國西部邊境。

羅馬帝國的崛起，使希臘文明有了新的依附。埃及、昔蘭尼加、黎凡特（巴勒斯坦、黎巴嫩）和小亞細亞都是羅馬在地中海東部的重要轄區。染織、金工、玻璃、製陶、畜牧、園藝都各有所長，精湛的工藝和美術更使它具有獨一無二的名聲。在君士坦丁大帝（西元 306 － 337 年在位）時建都的拜占庭直到伊斯蘭教興起以後很久始終是在東地中海滋育希臘文明的營壘。在古波斯的東部地區，帕提亞王朝以希臘文化和伊朗文化的傳導者身分出現在歷史舞臺上。到了 226 年，強有力的薩珊王朝重新以恢復古波斯的光榮為己任，致力於民族文化的重建，確立瑣羅亞斯德教（祆教）為國教，排斥摩尼教，將伊朗文化推向一個繁榮的高峰。這個王朝在最初的 200 年中不斷和羅馬人爭戰，後期又與嚈噠、突厥衝突，最後被新興的信奉伊斯蘭教的阿拉伯人所滅亡。

二、伊斯蘭文化時期

　　阿拉伯人是天生的商業民族,先知穆罕默德就是商人出身。他創立的伊斯蘭教將處於蒙昧時期的阿拉伯社會推上改革的道路。阿拉伯人信奉麥加城中供奉黑石的聖地克爾白(Ka'bah),俗稱天房,每年有朝聖的活動。在朝聖的四個月中,一切爭鬥都不再存在。這種宗教信仰將處於鬆散的部落生活中的人群凝聚到一起,為推行一種世界化的新文明去奮鬥。伊斯蘭教信徒則以穆罕默德為最偉大的先知,他的教訓都結集在伊斯蘭教的聖經《可蘭經》中。伊斯蘭教從西元 622 年起開始走出麥加,廣泛傳播。穆罕默德以麥地那為他的新都。632 年穆罕默德死後,他的弟子繼續他的事業,不斷發動聖戰,征服鄰近地區,建立起由哈里發(Khalīfa,Caliph,繼任者)統治的帝國。帝國的疆域從東起中亞細亞的烏滸河和信德,向西沿地中海南岸伸展到大西洋,又跨海占領了西西里島,在西班牙南部建立了伊斯蘭教的國家。中世紀的世界文明仰賴阿拉伯帝國,在東方的中國、印度和西方的拜占庭與歐洲之間架起了橋梁,使文明的接力棒在亞、歐、非三大洲之間順利流轉。

　　阿拉伯人征服西亞、北非之後,在奧瑪亞王朝(西元661－759年),遷都大馬士革的阿拉伯人開始接觸發達的城市生活,進入阿拉伯文化的孕育時代。過慣沙漠游牧生活的阿拉伯人一旦進入城市,便有許多必須從被統治者那裡學習的東西。他們從拜占庭和波斯人那裡吸收工藝、技能,學習管理政府機構,從波斯語裡吸收的詞彙特別多。在征服者實施的政策下,波斯人、敘利亞人、希伯來人、柯柏特人、柏柏爾人和其他各種民族都紛紛皈依伊斯蘭教,並且和阿拉伯人通婚。此後,凡是信奉伊斯蘭教,使用阿拉伯語,能寫阿拉伯文的,不再詢問他原來的民族成分,都成了阿

拉伯人。阿拉伯文化成了亞、非、歐三大洲許多使用阿拉伯語和不同宗教信仰的民族的共同財富。阿拉伯語在西亞戰勝了亞蘭語、波斯語、羅馬語、柯柏特語，成為通用語言。阿拉伯人分別於 638 年和 640 年在伊拉克新建的孿生城市巴士拉和庫發至奧瑪亞時期發展成伊斯蘭世界兩個最大的文化活動中心。阿拉伯語法的創始人阿布勒‧艾斯瓦德‧杜埃里（Abu al-Aswad al-Duali）（西元 688 年卒）就曾生活於巴士拉城。他的再傳弟子，赫立理的學生西伯韋（Sibawayh）（西元 793 年卒）是個波斯人，他編寫了第一部阿拉伯語法教科書，名之為《書》（*Al-Kitāb*），直到現在仍是阿拉伯語法研究的基準。

波斯地毯

在波斯，儘管許多人皈依了伊斯蘭教，但瑣羅亞斯德教寺廟直到 10 世紀仍遍布全境。波斯語雖然還有很大勢力，但在通都大邑卻已通行阿拉伯語。在 9 — 12 世紀中也有許多波斯學者用阿拉伯語寫作各種學術著作，從事各項文學創作。波斯人開始阿拉伯化。同時，波斯文化在推動阿拉伯文化發展的過程中有著重要的作用。波斯音樂曾是奧瑪亞時代崛起的阿拉伯音樂十分重要的借鑑。當時最著名的歌姬加米拉（約西元 720 年卒）是個麥地那人，她常公開手持柳特[001] 演唱，她的歌婢弟子舉不勝舉。麥加著名男歌手伊本・麥斯吉哈（西元 715 年卒）對傳譯波斯歌曲、引進波斯器樂、根據希臘和波斯樂律改革阿拉伯音樂貢獻殊多。據說是他從波斯工匠那裡學到波斯歌詞後，再用阿拉伯詩譜寫了最初的歌曲。精通羅馬音樂和波斯音樂的男歌手伊本・穆哈里茲（約西元 715 年卒）是波斯血統，被推崇為奧瑪亞時代首屈一指的作曲家，列入伊斯蘭教四大歌手之一。出身波斯貴族的摩蘇爾人易卜拉欣（Ibrahim al-Mahdi）（西元 742 — 804 年）首先用指揮棒打節拍，又是古典音樂的創始者。他的兒子伊司哈格（Abu Ishaq）（西元 767 — 850 年）是麥蒙和穆塔瓦基勒的清客，被讚譽為推動伊斯蘭教產生的最偉大的音樂家。阿拉伯醫學接受了波斯和希臘醫學的成就，開始擺脫符咒和單方的窠臼。原籍塔伊夫的哈里斯・伊本・凱萊達（約西元 634 年卒）是阿拉伯半島上首先受過科學訓練的醫生，他在波斯學習醫學，獲得了「阿拉伯醫生」的頭銜。希臘醫生和敘利亞醫生成了奧瑪亞的宮廷醫生。阿拉伯人又從希臘文獻中汲取煉金術、醫學和占星術的知識。阿拉伯建築藝術吸取了轄區中各地的傳統式樣，建築風格各異，可以分成敘利亞埃及學派、伊拉克波斯學派、西班牙北非學派和印度學派。

阿拔斯王朝（西元 750 — 1258 年）時期，是阿拉伯帝國政治上日益

---

[001] 波斯長頸琵琶。

分裂,文化上卻興旺發達、蒸蒸日上的時代。762 年建成的新都巴格達,經過精心規劃,不到半個世紀,至哈倫‧拉希德(Harun Rashid)(西元 786 — 809 年在位)在位時已由當年的荒村一躍而成繁華的國際都會,甚至被贊為舉世無匹的城市。阿拉伯人在這時大膽地移植希臘、波斯、印度和敘利亞文化,從 750 年起,在大約一百年中,將希臘語、波斯語、梵語、敘利亞語的科學、哲學和文學著作翻譯成阿拉伯語,促成了阿拉伯文化的覺醒和繁榮。在幾十年間,巴格達就將已有幾百年歷史的希臘文化遺產變成了自己的學問。哈里發麥蒙(西元 813 — 833 年在位)於 830 年在巴格達創建了智慧館(Bayt al-Hikmah),它擁有科學院、圖書館和翻譯館。希臘的醫學、天文學、數學成了阿拉伯學問。希拉城的景教徒侯奈因‧伊本‧伊司哈格(Hunayn ibn Isḥaq)(西元 809 — 873 年)當上了圖書館館長兼科學院院長,負責全部科學的翻譯工作,成為當時最有名望的學者,備受敬仰。他是一批景教翻譯家的領袖。他的兒子伊司哈格精通阿拉伯語,後來成為亞里斯多德著作最成功的翻譯家。侯奈因所譯名著,麥蒙按譯稿重量付給等量的黃金。撒比特‧伊本‧古萊(Thābit ibn Qurrah)(約西元 836 — 901 年)則是哈蘭一批薩比教翻譯家的領袖,他以哈蘭哲學醫學學院為基地,翻譯與修訂希臘著作。他的庇護者哈里發穆阿台迪德(Abu'l-Abbas ibn al-Muwaffaq)(西元 892 — 902 年在位)甚至把他當作至交相待。10 世紀後期又出現了許多翻譯家,最後完成了阿拉伯歷史上的翻譯時代。此時,阿拉伯語已經從穆罕默德以後的宗教的語言變成了足以表達高深的科學思想和哲學概念的語言,同時它又以一種曉暢的政治和外交的語言而風行於亞非各地。

伊朗出土的陶器

　　當阿拔斯王朝最初的一個世紀過去時，阿拉伯人消化了波斯的各種學問和希臘的古典遺產，使之適合於自己的需要，在天文學、數學、煉金術、地理學和醫學方面都取得了輝煌的成就，為阿拉伯科學迎來了具有獨創精神的時代。侯奈因寫的《眼科十論》是眼科學最早的教科書。景教徒伯赫帖舒曾因充任拉希德和麥蒙的禦醫而家財億萬。拉希德在 9 世紀初仿照波斯醫院在巴格達建立了伊斯蘭世界的第一所醫院（bīmā ristān，借自波斯語），由伯赫帖舒任院長。從塔巴里（Ali ibn Sahl Rabban al-Tabari）、拉齊（Abu Bakr al-Razi）到伊本‧西納（ibn-Sīna），許多波斯醫生都用阿拉伯語寫作他們的醫學著作。拉齊（西元 865 － 925 年）是伊斯蘭最著名的醫學家，也是中世紀最傑出的臨床醫生，一生寫作了 156 種著作。他被認作是外科上串線法的發明者。他的煉金術著作《祕典》（Kitābal-Asrār）在 1187 年前被克雷莫納的賈拉爾（Gerard of Cremona）譯成拉丁文，成為歐洲化學知識的來源。伊本‧西納（西元 980 － 1037 年）則因他在醫學、哲學、語言上的造詣和詩人的聲譽被喻作阿拉伯科學的化身，他的著作多達 99 種。另一名安達盧西出生的醫學家伊本‧貝塔爾（Ibn al-Baitar）（西元 1248 年卒）留下兩部不朽名著《醫方彙編》和《藥學集成》，使他對伊斯蘭世界醫藥學的貢獻超過了他的前輩。

　　阿拉伯天文學由西元 771 年傳入巴格達的印度天文書《西德罕塔》（*Siddhanta*）的翻譯開始，阿拉伯語譯本《信德印度》（*Sindhind*）還附有波斯的《天文表》。希臘托勒密（Claudius Ptolemaeus）的《天文大集》有多種阿拉伯語譯本和校訂本。麥蒙在巴格達和大馬士革分別建立天文臺觀察天象，並仿照希臘製造星盤、象限儀、日晷和地球儀等天文儀器，測量子午線一度之長。哈蘭的白塔尼（Al-Battānī）於 877 － 918 年在賴蓋研究天文，製成具有獨創成就的《薩比天文表》。加茲尼人比魯尼（Al-Biruni）（西元 973 － 1050 年）具有波斯血統，精通各種語言，用阿拉伯語寫作天文、曆法和占星術著作。他曾敏銳地討論了地球自轉，並測定地球的經度、緯度。他在一部尚未公開的著作中，首先在伊斯蘭世界提到中國的茶葉。阿拉伯天文學以波斯為基地在中世紀有長足的進步。奧瑪・開儼（Omar Khayyam）（西元 1048 － 1124 年）在納沙布林天文臺編制的亞拉里曆勝過了格里曆。旭烈兀在占領巴格達的翌年，即 1259 年，就在烏爾米雅湖附近的馬拉格建立天文臺，由波斯科學家納速剌丁・杜西（Nāsir al-dīn al-Tūsī）（西元 1201 － 1274 年）擔任臺長，編制了集古今曆法大成的《伊兒汗天文表》。天文臺的 13 種儀器和圖書館的 40 萬冊藏書在科學事業上造就了一個自麥蒙時代建立智慧館以來所未有的盛世。阿拉伯人的一些天文著作後來被譯成拉丁語傳入歐洲，催發了基督教歐洲天文學的發展。

　　印度算術和印度數字透過大科學家花拉子密（al-Khwarizmi）（西元 780 － 850 年）的著作和海伯什（西元 874 年卒）的天文表在阿拉伯世界普遍使用，最後傳入歐洲。花拉子密的《代數學》的原本已佚，12 世紀賈拉爾將它譯成拉丁語，直到 16 世紀還在歐洲各大學中被用作主要的數學教科書。代數的阿拉伯名稱 algebra 也因此成了歐洲各族文字的通稱。

　　花拉子密以托勒密《地理》的阿拉伯語譯本為藍本編纂《地形》一

書，奠定了後來阿拉伯地理學著作的基礎，指導著伊斯蘭地理學，直到 14
世紀。9 世紀末，從波斯人後裔伊本．霍達貝（Ibn Khurdādhbih）開始，
各種記錄道路和物產的地理志相繼問世，到小亞細亞人雅古特（Yakut al-
Hamawi）（西元 1179 － 1229 年）在摩蘇爾編成《地名辭典》（西元
1224 年）和阿布．菲達（Abual Fidfi）寫出《地理志》而集其大成。巴勒
莫人伊德里西（Al Idrisi）（西元 1100 － 1166 年）為獻給西西里國王羅吉
爾二世（Ruggero II）而作《地理書》，是一部總結前人學說並在實測地圖
上有新的建樹的著作。

　　阿拉伯文學是眾多穆斯林的共同財富。10 世紀上半葉，由死於 942
年的哲海什雅里根據古老的波斯語故事《一千個故事》和幾個印度故事改
編完成了一部巨著。在後來的幾百年中，從希伯來、印度、希臘、埃及
不斷增添新的內容，到馬木路克王朝時正式定名《一千零一夜》。此書於
1704 － 1717 年間譯成法文後，便在西方世界成為家喻戶曉的文學範本了。

波斯羊皮古書

　　教育在阿拉伯世界受到重視。阿拔斯王朝教育事業大有發展，受到朝野的提倡與推崇。小學教育使女孩受到初級的宗教教育。在麥蒙時代的智慧館之後，伊斯蘭世界第一所高等學校尼采米亞大學在西元 1065 年正式開辦。創辦人尼札姆‧穆勒克（Nizam al-Mulk）是塞爾柱突厥王朝的波斯籍大臣，他在巴格達創建的大學是一所政府承認的宗教學院，一直存在到 1395 年。後來這種宗教學校（madrasah）曾在伊拉克、敘利亞續有增建。

　　阿拉伯美術以纖細多變的幾何形與花卉圖案見長，創造了被後世稱為阿拉伯式（Arabesque）的裝飾圖像。波斯人尤其精於工藝美術，使伊斯蘭教的手工藝品，諸如地毯、靠墊、絲織品、寶石鑲嵌都顯得富麗華貴。埃及和敘利亞的絲織品在歐洲享有很高的聲譽，十字軍和西方富豪都以此作為聖骨的斂衣。印著常見花卉的瓷磚從波斯傳入大馬士革，被用作建築物的裝飾，加釉玻璃和玻璃裝金的技藝在敘利亞和黎凡特的一些城市中達到十分完美的地步。

　　阿拉伯世界光榮地擔起了東西方文明接觸的橋梁作用。自西元 1097 年開始，歐洲基督教十字軍運動綿延了兩個世紀。戰爭增強了東西方物質文明和精神文明的交流。十字軍在敘利亞平原上發展了他們的騎士制度，使用弩，騎士、戰馬都備鎧甲，學會使用火器，軍樂中除喇叭、號角外增添了小鼓和銅鼓，並且效法當地馬上比武的慶祝方式，採用穆斯林騎士的紋章。阿拉伯人的香水、胡椒、糖果、蔗糖都透過十字軍進入了歐洲人的家庭生活。歐洲在 12 世紀出現慈惠院和漢生病醫院，也受到東方穆斯林的推動。斜紋五色絲緞（atlas）、錦緞、天鵝絨、細洋布、毛毯、掛氈，都深受歐洲人青睞。同時，義大利和諾曼第的軍事石工技術造就了開羅城堡和其他阿拉伯要塞、基督教教堂的建築式樣。

　　西班牙安達盧西的穆斯林在 11 － 13 世紀發動了把阿拉伯學術介紹給

歐洲人的運動。非洲人君士坦丁（西元 1087 年卒）、克雷莫納人賈拉爾（西元 1187 年卒）和西西里的猶太人法拉吉·本·沙林透過翻譯將伊斯蘭教、猶太教和基督教的文化傳統最後融匯到一起。許多阿拉伯術語進入了歐洲的各種語言。托雷多在西元 1135 － 1284 年辦起的翻譯學校培養了成批精通阿拉伯語和拉丁語的人才，使該地躍居世界文化轉折期中的一個翻譯中心及歐洲向伊斯蘭世界吸取先進文化資訊的窗口。

地跨歐亞的拜占庭創造的文化是希臘羅馬文化和東方文化的結晶。西元 330 年羅馬皇帝君士坦丁將拜占庭作為帝國首都，改名君士坦丁堡。強有力的小亞細亞文化和羅馬文化使拜占庭文化在中世紀獨放異彩。拜占庭在宗教上以希臘教（東正教）為國教，承認君權高於教會，這就最終促成了東西羅馬的完全分離。在長達 11 個世紀中，拜占庭在亞洲抵擋著穆斯林的進攻，在巴爾幹半島則和斯拉夫人相周旋。13 世紀後，拜占庭西境遭到來自義大利半島的侵襲，東受鄂圖曼人的攻擊。1453 年，征服者穆罕默德二世（II. Mehmed）（西元 1444 － 1446 年，1451 － 1481 年在位）占領了君士坦丁堡，象徵著拜占庭帝國的最後滅亡。土耳其人在這裡建都，改稱伊斯坦堡。伊斯蘭教徒顎圖曼人成了拜占庭文化遺產的繼承人，致使它的東方色彩更加濃烈了。

顎圖曼帝國不但擁有拜占庭帝國的遺產，而且在大炮、滑膛槍的幫助下，於 1517 年占領了開羅，結束了馬木路克王朝，接著又統治了伊拉克、希賈茲、葉門和北非伊斯蘭教各國，在 16 世紀中葉蘇萊曼一世（西元 1520 － 1566 年在位）時期達到鼎盛，阿拉伯國家成了它的行省，一直維持到 1922 年。土耳其蘇丹身兼哈里發，建立了世界歷史上罕見的多民族國家。許多土耳其人開始用阿拉伯語寫作。哈只·赫勒法（西元 1658 年卒）所著七冊《書名釋疑》被認作是用阿拉伯語寫成的最偉大的百科全

書式的專著。

西方文化對地中海東部世界的衝擊在 18 世紀展開了它的序幕。法國人、英國人相繼進入敘利亞，阿勒坡成為君士坦丁堡到印度陸上貿易的重鎮。時刻得與歐洲社會打交道的鄂圖曼開始派遣學生到歐洲留學。拿破崙對埃及的侵略使西方文化得以駐足於尼羅河畔。拿破崙帶往尼羅河谷的第一部印刷機，後來擴充成著名的培拉格印刷局，至今仍是政府印刷機關。參加過反拿破崙戰爭的土耳其軍人穆罕默德·阿里（Mehmet Ali Pasha）（西元 1769 － 1849 年）在 1805 年當上了帕夏，開始了阿里王朝一個世紀的統治。他認識到西方文化對埃及現代化的重要性，埃及軍隊的改組、埃及海軍的建立完全得益於法國軍官的訓練，工科學校、醫科學校也由法國人任教。從 1813 年起，埃及學生被派往義、法、英、奧等國留學。法語在埃及學校課程中占有優越地位。埃及現代化的進程是曲折的，阿里的繼承者曾相繼辭退外國顧問，關閉一切外國學校。伊斯梅爾一世（Ismail Pasha）（西元 1863 － 1879 年在位）雖曾聘請美國軍官到軍事學校任教，並在埃及首創女子學校，但這些學校未曾長期生存下去。只有 1865 年在艾斯尤特創辦的美國學院得以長期生存。

在敘利亞貝魯特，西元 1835 年美國傳道會辦起了印刷所，1853 年又建立了耶穌會的天主教印刷廠，兩者直到現在都是西亞有名的阿拉伯語印刷廠。美國教會在 1866 年開辦敘利亞的新教學院，後來改名貝魯特美國大學。1874 年貝魯特又建成耶穌會辦的聖約翰大學。這兩所大學在西亞的高等教育上占有引人注目的地位。在阿拉伯各國中，黎巴嫩所以能成為文化最普及的國家，主要仰賴外國學校和私立學校。猶太教、基督教和希臘羅馬文化遺產是歐美文明和近東文明在新形勢下促使雙方相互接近的共同基礎。

　　阿拉伯文化繼承、發揚了東西方古典文明，在催發歐洲走上現代化的道路上又產生傳遞接力棒的作用，帶動了西歐的進步。但到了 19 世紀和 20 世紀，阿拉伯世界還要在席捲全球的西方文化的洪波和民族危機的浪潮中做出新的抉擇，以改造自身的社會。

■ 第二節
中國和西亞文化交流綜述

一、西元 8 世紀中葉前的中國和西亞

　　西亞的古文明和肥沃樂土，是黃河中下游的華夏民族最早與聞的一處文化源，它曾長期在華夏民族中激起追求、探索的火花，同時也引發了中國人最早去開拓遠在蔥嶺東麓的農耕文化。

　　古代傳說將黃河流域的中原人進入帕米爾高原的時代置於前 12 世紀，周族祖先古公亶父 [002] 將嬖臣長季緽封在舂山（蔥嶺）東側，在這裡建立起周族的國家。後來在前 6 世紀末成書的《山海經·大荒西經》中，便有一個在春秋時期出現的姬姓、食穀、從事農耕的西周之國，還有一個軒轅之國。軒轅之國，據前 4 世紀編成的《山海經·海外西經》說，位於窮山（蔥嶺）之際，在女子國 [003] 的北面，在那裡築有頗具亞述、巴比倫壇塔風格的方丘，稱作軒轅之丘。在古波斯的開國傳說中，波斯的早期君主都曾活動在地盤廣及中亞阿姆河和新疆天山南麓的吐蘭國境，和當地的吐火羅人通婚。10 世紀的波斯詩人費爾杜西（Abul Kasim Mansur）根據古史創作的史詩《帝王紀》（一稱《王書》），敘述季夏（Jamshid）曾在

---

[002]　周武王的曾祖父。
[003]　喀什米爾境內蘇伐剌拏瞿呾羅。

中、印邊境游牧，娶了馬秦（Machin）國王馬王（Mahang）的女兒為妻，「馬王」意思是「大王」，指古公亶父或他的後裔。在揭盤陀 [004] 的開國傳說中，波斯國王娶中國公主自于闐歸國，途遇戰爭，將公主留在該地。中國公主因感懷日神而得子，就地立國。揭盤陀君主具有通神的本領，能飛行虛空、控馭風雲，因父是日天之種，母是漢土之人，其後裔便自稱漢日天種，構成了華人與波斯人共同建國的歷史傳說。就時間而論，比阿育王後裔和來自東國之民共同建國于闐還要早上幾百年，至少可以上推到前 6 －前 5 世紀，而且當地居民業已信奉瑣羅亞斯德教中的太陽神密特拉（Mithra）了。

尼雅出土人物禽獸文錦

自西周至戰國，中國接受了來自美索不達米亞和中亞草原的騎馬文化。〈詩·大雅·緜〉稱：「古公亶父，來朝走馬。」宋人程大昌解釋走馬是單騎，不同於以馬曳車。春秋中葉，晉、秦相繼組建騎兵，但尚未作為能在戰爭中單獨發揮作用的兵種。到西元前 307 年，趙武靈王首先大規模組建騎兵，改穿胡服、習騎射，於是騎兵便在戰爭中決定勝負。對中國來說，騎馬文化雖然間接傳自草原民族，但源頭卻在美索不達米亞和伊朗高原。至於類似波斯騎兵所披鐵質魚鱗甲片的推廣，在黃河中游最早也在前 2 世紀了。當時為霍去病送葬時使用的玄甲軍，是裝備鐵鎧的騎士，僅用於十分隆重的儀式中。

---

[004]　塔什庫爾干。

最早使中國的名聲傳揚於四鄰國家的，是中國獨步世界的絲絹。西周時代，已有許多精通天文和紡織、礦冶的工匠流入四鄰民族地區。春秋、戰國時期，提花的文綺、紈素、綾羅和錦繡已通行全國，進入新疆，甚至遠銷希臘、德國。波斯在前 6 世紀已有中國的絲絹。米提亞式的上衣以寬大著稱，都以中國的絲絹裁製。希羅多德（Herodotus）（西元前 484 －前 425 年）和色諾芬（Xenophon）（西元前 440 －前 355 年）都說波斯人喜愛這種式樣的衣服，而這種衣料，據普羅科庇的解釋，正是後來被希臘人叫作賽里（serie）和賽勒斯（seres）的絲織物。大流士一世建立的波斯帝國和馬其頓亞歷山大（西元前 336 －前 323 年在位）統治的亞歷山大帝國地跨亞、歐、非三大洲，將交通和資訊的傳遞推向一個新的階段，催發了絲絹西運和中國的聲名遠揚。

世界上最早提到中國這個國家的是伊朗。前 5 世紀出現在費爾瓦丁神頌辭中的支尼（Čini），這個名稱和古波斯文對中國的稱呼 Čin，Čiinistan，Činastān 都是一致的，是對周王朝的開創者之姓「姬」的翻譯。過去許多學者都按照天主教來華傳教士衛匡國的解釋，以為是「秦」國的對音，以秦人泛稱華人。然而它的具體位置卻在蔥嶺的東側，是黃河流域的中原人的定居地。換句話說，應該是西周初年季緢率領周民向西遷居的地方，同時又是和伊朗進行交易的一個樞紐或前哨。從費爾杜西《帝王紀》中吐蘭國王將女兒下嫁波斯王子肖伍希的故事得知，支尼國與和田曾作為吐蘭公主的陪奩（嫁妝）被轉贈給波斯王子，肖伍希夫婦從此定居和田東北宮城，時間在前 6 世紀波斯王居魯士（Cyrus）（西元前 550 －前 530 年在位）登位之前。支尼處於和田以西的莎車或塔什庫爾干、葉城一帶。印度史詩《摩訶婆羅多》也用了同樣的名稱支尼來稱呼這裡的居民，這使波斯古文獻中支尼國所在的具體位置更加確定無疑。

　　從蔥嶺東側的西周之國、軒轅之國到支尼國，經過了好幾個世紀。春秋、戰國之際黃河中下游政治形勢動盪，像波瀾一樣推動著中國西北草原民族成為溝通裏海和河套地區文化的傳媒。齊桓公（西元前 685 －前 643 年在位）將疆土拓展到燕山山脈和河套以東，對開拓北方交通線不遺餘力，東方產絲國齊國的威名從此遠揚西方。大流士統一亞洲西部後，對中國絲織品的需求有增無已，而在齊、晉和波斯之間貿遷有無的中樞則是蔥嶺東麓的支尼國。齊以文綺之國而名聞天下，《管子》已載齊國絲絹運銷禺氏（月氏），和歐亞草原的牧民頻頻交易，因而中國絲絹得以遠銷波斯。由於雙方進行了國情知識交流，中國也就有了各種關於西方國家的傳聞。《山海經・大荒西經》中的沃民國，是最早留下的有關美索不達米亞的資訊。這為前 5 －前 4 世紀在齊國的官學裡講授地理學，拓展人們的域外知識提供了十分有用的材料。有關地球觀念的大九州學說之所以最早在東方的齊國產生，也和產絲國齊國操縱與主導著越過河套與塔里木盆地周邊國家進行的絲綢、玉石交易，傳遞了東方文明古國的資訊難以分離。按照大九州觀念，世界在黃河、長江地區的九個州之外，四周都由海洋圍繞，其外，按幾何級數展開的世界，還有九個九州那樣的廣闊境域。這種將中國與世界的地理關係按九的倍數展開的設想，是在亞洲東部與西部地區已經有了實際交流的事實基礎上而設計、推測和假想出來的一種觀念。在這種科學與虛構參半的世界觀念中，東方的齊國與西方的沃民國組成了最早的地理概念，作為東西兩極出現在人們的思想與腦海中，實非出於偶然。

　　在以後的三個世紀中，直到西元前 127 年，張騫實地考察西域，從大夏（阿富汗）歸國，他所能與聞的西極之國仍是那個《山海經》中美索不達米亞的「沃民國」，即當時被稱為安息國的帕提亞王國（西元前 247 －

224 年）。這個在中國人心目中是西域最大國的安息，在漢代向中國輸送著從軍事技術、磚拱建築技術、日用器皿，乃至軍樂、宮廷音樂、棉毛織物、室內陳設和日神崇拜的宗教信仰。繼安息之後崛起的薩珊王朝（西元224 － 651 年），更以它的甲騎具裝的騎兵戰術、金屬冶鑄、玻璃與製陶、金銀寶石鑲嵌與美術，連同胡天信仰、喪葬習俗、文化娛樂和園藝，在長時期中維持著與中國的連繫。在 8 世紀中葉以前，伊朗文化成為中國文化汲取養分的外來文化之一。

樓蘭古城「三間房」和佛塔

古代自東至西貫通亞洲北部的大動脈，可以用「絲綢之路」這個現已被人們慣用的概念來表述。最早的絲綢之路出現在春秋、戰國之際。前 5 世紀波斯阿契美尼德王朝大流士以首都蘇薩為中心，廣建驛路。東方的齊國自首都臨淄起始，通過河北西部的中山國，跨越河套，與蔥嶺東側的塔什庫爾干取得連繫，和美索不達米亞初通訊息。到東漢時代（西元 25 － 220 年），絲綢之路已向西延伸到埃及的海港城市亞歷山大里亞。東漢首都洛陽作為絲路的起點，繁華昌盛，名聲遠揚羅馬。在地中海東部，絲綢之路又透過伊斯肯德倫灣旁的安條克城轉向小亞細亞的安納托利亞。在拜

占庭改名君士坦丁堡（西元 330 年）以後，由於中國和拜占庭互通使節，絲綢之路又在君士坦丁堡找到了它在亞歐大陸邊境的另一個節點。

　　絲綢之路起自東海之濱，西抵地中海東部，約略可以蔥嶺、美索不達米亞為界分成東、中、西三段。

　　絲綢之路東段，自東海至蔥嶺。前 5 世紀，齊國和晉國僅能控制黃河中、下游，河套以西全是戎、狄和塞人、月氏人、吐火羅人游牧的區域。前 307 年，趙武靈王發動征伐中山國的戰爭，逐步向陰山山脈拓展國土，到前 299 年左右，擊敗林胡、樓煩，沿陰山修築長城，直至高闕（今內蒙古巴彥淖爾市臨河區北狼山的石蘭計山口），操縱了東海至蔥嶺的絲綢之路。自河套以西至蔥嶺，由於匈奴的崛起，直到漢武帝（西元前 141 －前 87 年在位）征討費爾干納盆地的大宛，才完成政治上的控制與交通線的開闢。前 60 年西域都護府成立，更加穩定了這一局面。此後，鮮卑、鐵勒、柔然、突厥相繼興替，河西走廊至塔里木盆地東端成了中原王朝的最後邊界，直到 640 年唐朝才重新占有天山南北的境域。

　　絲綢之路中段，自蔥嶺西至美索不達米亞，在阿赫美尼德王朝時被波斯所壟斷。亞歷山大東征以後，政治形勢為之一變，塞人、大月氏人相繼由天山南下。西元前 140 年大月氏人南遷阿姆河流域，到貴霜翎侯丘就卻（西元 15 － 65 年在位）時，在北起錫爾河南至印度河的廣大地區建立大月氏貴霜王朝，直到 5 世紀亡於嚈噠。木鹿（今馬里）和巴爾克（今瓦齊拉巴德）以東的絲綢之路被大月氏統治了六個世紀之久。木鹿以西，長期在波斯人掌握之中，先有安息（帕提亞）崛起於前，後有薩珊波斯代興於後。這段絲綢之路具有咽喉性質。自木鹿西通安息國都赫康托姆菲勒斯，西南折向底格里斯河畔的泰西封－塞琉西亞，向西北可通地中海東岸的安條克城。向西經過巴爾米拉進入敘利亞，越西奈半島最後指向尼羅河下游

的亞歷山大里亞。自泰西封沿幼發拉底河南下，可通波斯灣頭的條支（安條克城），它的阿拉伯名稱叫史帕西納－喀拉塞。由此沿巴林海岸到達卡達西部烏凱爾附近，古代海薩海岸的朱爾哈。《後漢書》稱其為於羅國，說是在安息西界，從那裡取海路可以繞越阿拉伯半島到羅馬帝國的亞歷山大省（埃及）。前 1 世紀羅馬勢力侵入敘利亞以後，波斯為壟斷絲綢之路東西方貿易，與羅馬爭戰三個多世紀，直到 4 世紀中葉才告平息。這時波斯又遇到崛起於東部的敵人嚈噠和突厥。中國和羅馬在 1 世紀時都曾打算建立直接的貿易關係，但因波斯的阻撓而失敗。97 年甘英出使羅馬，由於走錯了路，到了波斯灣頭的朱爾哈，只好中止了他繼續西行的計畫，掃興而歸。2 世紀，羅馬皇帝圖拉真（Trajan）遠征波斯灣頭，也未達到長久占領並由此與中國相通的目的。波斯憑藉它優越的地理位置操縱中國絲綢貿易，乘機建立了本國的絲織工業。中國的絲漆和鋼鐵、白銅都在波斯享有盛譽。

絲綢之路西段，自幼發拉底河渡口到地中海濱。在亞歷山大大帝死後，這裡是塞琉古王國的屬境。羅馬崛起後，地中海沿海全為羅馬所占，地中海成了羅馬海。從幼發拉底河的尼斯福勒（今臘卡）或阿巴米亞渡口（今比雷吉克），各有大道經過巴爾米拉和阿勒坡高原，分南北兩支，將中國貨物運到地中海東岸的安條克和黎凡特沿岸的貝魯特、西頓、提爾，從那裡再轉入小亞細亞或埃及亞歷山大里亞。羅馬史家佛羅勒斯在《史記》中稱頌，奧古斯都（Augustus）在西元前 27 年即位時，賽勒斯國（中國）和印度都派使者來朝。印度使者當時取道安條克渡海，中國使者大約也取這條最近的路。這些中國使者都是些藍眼睛紅鬍髭的民族，他們是從伊黎河南下的塞人，大約來自塔什庫爾干及其附近地區。絲綢之路西段路程也可以從 2 世紀喀拉塞人伊西陀（Isidorus）的《帕提亞道程志》中見到。伊西陀自東而西加以記述，自巴克特里亞到安息國都，西出裏海關，

經底格里斯河上游的埃克巴坦那、安蒂米達、塞琉西，前往安條克的，可沿幼發拉底河溯流而至尼斯福勒，或經柴格馬渡口越河西行；從柴格馬向南的道路則通往大馬士革和腓尼基（黎凡特）各城。羅馬帝國長期仰賴中國縑素取得織絲原料，為了擺脫波斯的阻撓，不得不取道紅海，經阿拉伯半島南部的希米雅爾人，從大月氏貴霜王朝和南印度海路轉運中國絲貨，於是羅馬的希臘航海家又把「支尼」這個名稱用於南中國，稱之為 Thin、Thinae。到這時，「賽勒斯」或「支尼」這個名稱才逐漸由最初局限於蔥嶺以東的山國擴大到指稱整個中國，那時至晚已在 1 世紀了 [005]。

支尼（「姬國」）名稱的由來，始終和絲貨的運銷、絲路的延伸息息相關；它的地域內涵也由當初局限於新疆西部的山國而引申為整個產絲國中國的國名。這一段歷史概括了西亞與中國交流過程中極富啟迪意義的絲綢文化對世界文化進程所產生的巨大影響。

北魏（西元 386 － 534 年）建國後，積極發展對外關係，5 － 6 世紀中使節所至國家廣及地中海、波斯灣、阿拉伯海和紅海各地，各國使團紛紛來華。突厥稱雄北方後，拜占庭與突厥聯手開展北方歐亞草原的絲綢貿易，絲綢之路在黑海、地中海、紅海三個方向和西亞、歐洲以及非洲取得了連繫。隋代裴矩《西域圖記》序言中概括了以敦煌為起點的交通線，分別由北、中、南三道通往西海，西海是中國對黑海、愛琴海、地中海、紅海、亞丁灣、阿拉伯海、波斯灣等圍繞亞洲大陸西部海域的總稱。

---

[005]　1 世紀初羅馬史家波旁尼‧梅拉在《地方誌》中說，塞勒斯人居住在塔比斯山和托羅斯山之間。塔比斯山似指天山，托羅斯山則是興都庫什山和崑崙山的泛稱。普林尼（V，54）也說賽勒斯人住在塔比斯山地區。這是對賽勒斯具體方位的最早紀錄。見戈岱司：《希臘、拉丁文獻中的遠東》（George Coedès, *Textes D'Auteurs Grecs et Latins Relatifs a l'Extrême-Orient*），巴黎，1910 年版，第 13 － 14 頁。

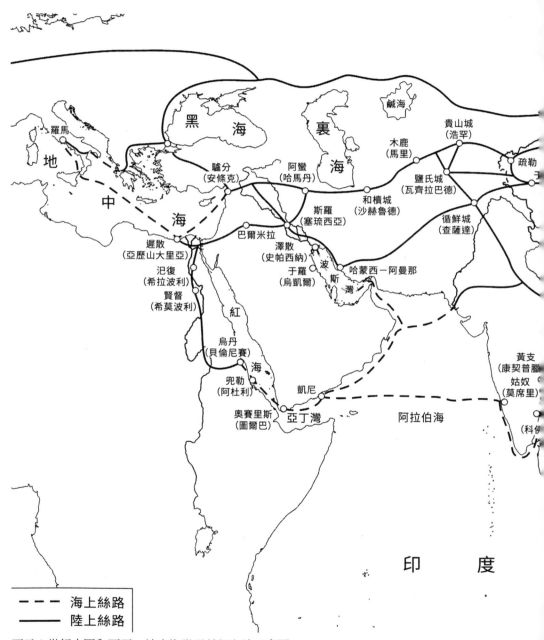

西元 3 世紀中國和西亞、地中海世界絲綢之路示意圖

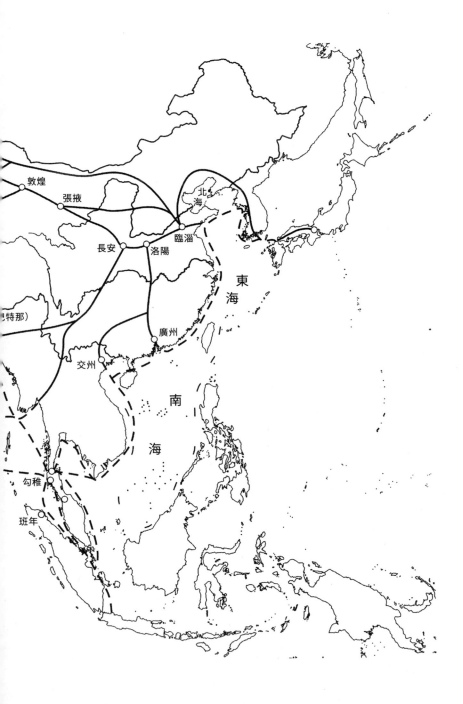

敦煌

張掖

長安

洛陽

臨淄

北海

東海

廣州

交州

(特那)

南海

勾稚

班年

北道：自伊吾（哈密）通過蒲類海（巴里坤湖）、吉木薩爾、石河子，到突厥可汗庭弓月城（伊寧東北大小金城遺址），再渡伊黎河越中亞細亞草原，經高加索抵達黑海、地中海之濱的拜占庭。西元 568 年拜占庭使者澤瑪爾克到白山可汗庭進謁突厥室點密可汗，正是走的這一條路。

中道：自高昌（吐魯番）、龜茲（庫車）出蔥嶺，經鈸汗（費爾干納）、康國（撒馬爾罕）、安國（布哈拉），到波斯，最後通往西海（地中海）。

南道：自鄯善（若羌）、于闐（和田）、揭盤陀（塔什庫爾干）越蔥嶺，取道護密（阿富汗瓦罕谷），經阿姆河以南的挹怛（昆都士）、帆延（巴米安）到北婆羅門（北印度），抵達印度河口，越阿拉伯海，進入紅海，和非洲各國相通。

自唐帝國建立，疆域向西北、西南大為拓展，西亞則有哈里發帝國崛起，與唐朝東西輝映，經四哈里發（西元 632－661 年）、奧瑪亞王朝（西元 661－759 年），中國與西亞、非洲的連繫在新的形勢下有增無已。但要到阿拔斯王朝建立以後，中國和西亞大陸的來往和文化交流才進入一個新的階段。

二、西元 8 世紀中葉後的中國和西亞

西元 750 年興起的阿拉伯阿拔斯王朝，是伊斯蘭歷史上最馳名、最長久的朝代。儘管西班牙、北非、阿曼、信德和呼羅珊，都不願完全承認新的哈里發，埃及也只是在名義上尊重哈里發，而在事實上並不俯首聽命，哈里發作為宗教領袖的威望大為下降，但帝國的統治仍在艾卜勒・阿拔斯（Abul-Abbas）（西元 750－754 年在位）的子孫世襲之下繼續下去，直到 1258 年為止。758 年，曼蘇爾（al-Mansūr）（西元 754－775 年在位）以哈希米葉城為新都巴格達奠定基礎。他當初作出這個決策時，首先想到的是這裡是一個優良的駐地：「這裡有底格里斯河，可以把我們和遙遠的中

國連繫起來，可以把各種海產和美索不達米亞、亞美尼亞和它周圍的糧食運來供應我們。」751 年，唐朝與阿拔斯王朝在中亞發生怛羅斯之戰，唐朝遭遇失敗，決定放棄這塊地方。752 年（天寶十一載）農曆十二月，阿拔斯王朝的使者謝多訶密（Said Emir）到達長安，唐朝特授以左金吾衛員外大將軍的勳位，開始展開頻繁的使節往來。

　　歷代哈里發在巴格達建立了薩珊王朝庫斯老式的集權政府，波斯影響不斷增大，除了伊斯蘭教仍是國教，阿拉伯語還是國語外，其他的一切都已波斯化了。這正是阿拔斯人自誇新政權為「新紀元」的時代，也是中國和阿拉伯世界進入了和平與友好交流的「新紀元」，是中國和阿拉伯世界之間海上貿易空前發達和繁榮的時期。

　　自 9 世紀開始一直到 16 世紀，中國和阿拉伯世界建立了廣泛的連繫，進行了頻繁的交流。特別是海上貿易，從 9 世紀到 15 世紀中葉，始終處於持續成長時期。中國帆船大量運銷瓷器和絲綢，輸出金、銀、鉛、錫、銅錢和各種日用品，統合了印度洋地區的區間貿易，投入到阿拉伯海和印度洋西部地區的遠洋航業，使中國的海外貿易、帆船運輸業十分興旺，生氣勃勃。在漫長的六個多世紀中，可以以 12 世紀為界，分成前後兩期。

波斯雕花銀罐

前期，阿拉伯帆船將它的營運範圍從阿拉伯海向東拓展到中國南海和東海。阿拉伯商船出沒於南起越南中部占城，北至長江三角洲揚州的中國東南沿海各港。中國帆船也開闢了從廣州起航，經麻六甲海峽和斯里蘭卡直至波斯灣，並由東非坦尚尼亞的三蘭國（桑吉巴島翁古賈・庫烏）北上阿拉伯香岸席赫爾、卡勒哈特、蘇哈爾，到波斯灣頭烏波拉港的航線[006]，經營象牙、香藥、珠寶、玻璃和棉布貿易。唐代貞元（西元785－805年）年間宰相、地理學家賈耽（西元730－805年）所錄的「廣州通海夷道」詳細地記下了華船通航印度洋的航路。在印度洋西部，沿東非北上阿拉伯半島的環島航路，習稱三蘭航線。三蘭航線比阿拉伯的曼蘇地在10世紀初所記阿曼－甘巴羅（奔巴島）航線還早一個多世紀。後來航線雖因政治動亂有所收縮，但從11世紀下半葉起，中國貿易商不但在蘇門答臘建立了穩固的商站，而且也在馬爾地夫群島、東非沿海的曼達島和桑吉巴島設立了新的貿易站。那時被阿拉伯人稱為桑奈建群島（黑人群島）的許多島嶼，東起爪哇、蘇門答臘，西至奔巴、桑吉巴和馬達加斯加，都成了中國貿易商努力擴展的市場。

後期，中國帆船於西元1140年左右的南宋時代在阿拉伯世界開闢了航期可以縮短一年的麻離拔航線，致使印度洋航業產生了劃時代轉變。麻離拔是阿拉伯南部香岸馬赫拉的古港佐法爾。從廣州起航的中國帆船，在東北季風的9、10月出發，經過40天的連續航行，到達蘇門答臘西北的亞齊，越冬以後，又在西南季風的3、4月繼續航行，經60天的不停頓航行，直赴佐法爾。這樣，中國帆船便可以在不到三年的時間內往返一次，因而使航業大有起色，在印度洋開闢了這條長達6,000海里的航路，使貨運量大大超過了阿拉伯同行。此後一個世紀中，由於埃及埃宥比王朝（西

---

[006]　沈福偉：《中國與非洲》，中華書局1990年版，第208－213頁。

元 1171 － 1250 年）向紅海兩岸和亞丁灣擴張勢力，在對抗十字軍騎士團的戰役中屢建戰功，埃及逐漸替代阿拔斯哈里發成為阿拉伯國家的臺柱。因此在 1225 年趙汝適寫作《諸蕃志》時，麻離拔成了大食（阿拉伯）的主要港口，阿拉伯的國都已經不再是伊拉克的巴格達，而是譯作蜜徐籬的開羅了[007]。

中國帆船的激烈競爭，13 世紀阿拉伯和波斯灣掀起的東非移民熱潮，使印度洋航業出現了一個新局面。在到達南印度馬拉巴海岸（西海岸）的船隻中，中國帆船遙遙領先，中國帆船操縱了奎隆和廣州（或泉州）之間的海上貿易，阿拉伯帆船至多只能抵達蘇門答臘島。元代，中國帆船已深入東非季風貿易極限的基爾瓦地區，它們能夠以馬拉巴或蘇門答臘為基地，參與基爾瓦－亞丁－馬拉巴的三角貿易。元代汪大淵《島夷志略》中的針路、班達里、加里那條，就有通過馬爾地夫群島的摩加迪休航線。這條經蘇門答臘、馬爾地夫至索馬利亞南部摩加迪休的航線，是中國帆船經營的印度洋航路中的北線。另有經過蘇門答臘和查戈斯群島、塞席爾群島附近海域，以肯亞沿海位於南緯 3° 20′ 的格迪為終點港的印度洋航路中的南線，因此在中國文獻上出現了稱為南海回回的國家，南海回回就是格迪港的中國稱呼。中國帆船運銷阿拉伯世界的除絲絹、瓷器、銅錫以外，更多的是轉口貿易物[008]。

14 世紀上半葉，中國帆船所到的阿拉伯和非洲港口，北起波斯灣頭的巴斯離（今布希爾）、甘埋里（波斯灣中的計島），南至東非沿海的班達

---

[007]　沈福偉：〈十二世紀的中國帆船和印度洋航路〉，《歷史學》1979 年第 2 期；沈福偉：《中國與非洲》，中華書局 1990 年版，第 248 － 250 頁。《諸蕃志》中的麻離拔，並非是夏德（Friedrich Hirth）《諸蕃志譯注》中考訂的米爾巴特（Mirbat）。馮承鈞《諸蕃志校注》（中華書局 1956 年版，第 57 頁）已將該書勿拔國認作米爾巴特，而以夏德考訂為誤。不能將米爾巴特一地既譯作麻離拔，又認作勿拔。因此麻離拔只能是古港佐法爾。

[008]　沈福偉：《中國與非洲》，中華書局 1990 年版，第 368 － 370 頁。

里（摩加迪休）、加將門里（基爾瓦‧基西瓦尼）。中國海外貿易商汪大淵在 1328 年到 1339 年間兩次跟隨中國商船出海，足跡遍及亞非兩洲沿海和島嶼，最遠到達大西洋濱摩洛哥的坦吉爾。在 1349 年完稿的《島夷志略》中，他記述了所見所聞，視野之廣，知識之博，足以與同時代的歐洲遊歷家馬可‧波羅、非洲遊歷家伊本‧巴圖塔（ibn Battuta）相並列。他從佛教文化盛行的中國來到伊斯蘭世界，是繼唐代杜環之後又一名親身考察伊斯蘭文化的中國人，也是古代到達大西洋邊的唯一有名可指的中國人。

　　蒙古的崛起，將中國文化最西的邊界推進到幼發拉底河以東的美索不達米亞。旭烈兀在西元 1258 年占領巴格達後，與忽必烈聯合，受忽必烈冊封統治阿姆河以西直至敘利亞的國土，旭烈兀對忽必烈稱伊兒汗（藩屬之汗），奠都大不里士。旭烈兀在 1265 年去世，繼位者都繼續受元朝冊封，視大都（北京）的大汗為上國，使用漢文玉璽以示王權。在梵蒂岡檔案中收藏的三件蒙古文書上，見到使用的漢文印璽有「輔國安民之寶」、「王府定國理民之寶」和「真命皇帝和順萬夷之寶」。伊兒汗的第七位繼任者合贊汗（西元 1295 － 1304 年在位），雖然不再稱伊兒汗，但他仍使用漢文國璽，仿效元朝，對各項政治制度乃至驛政進行有效的改革，並且注意吸取中國科學、醫學、藝術的成就。在 1294 年 9 月，海合都汗（西元 1291 － 1295 年在位）曾效法元朝發行過紙幣，雖因準備不足而迅速失敗，但卻使伊朗成了世界上僅晚於中國發行紙幣的國家。合贊汗改奉什葉派伊斯蘭教為國教，加速了蒙古政權和穆斯林文化的結合。伊爾汗國同時和歐洲各國交流，又為中國文化的西傳充當了十分重要的傳媒，在中世紀晚期世界文化轉向近代化的過程中發揮了推動作用。透過西亞，中國人發明的火藥、羅經導航技術和印刷術逐漸成為地中海文明中不可或缺的部分。

　　中國東南沿海和伊斯蘭世界、基督教世界在 13 世紀以後的交流，於商業關係之外，向更深的層次滲透。由於民族混居、通婚，以及宗教信仰的變化，在對外貿易最為發達的泉州地區出現了許多華化的阿拉伯或穆斯林後裔。元明時代，伊斯蘭文化差不多同時由西北和東南沿海向內地推進。明初偉大航海家鄭和（西元 1371 － 1433 年）自 1405 － 1433 年間七次率領龐大的寶船隊開赴印度洋，每次必到印度西海岸的西洋國，明代又稱古里國（科澤科德），因此稱七下西洋。鄭和和他的同僚王景弘所創導的遠洋航業，是在元代中國航海界業已取得的卓越成績之上繼續發展的結果。鄭和船隊又增辟了自蘇門答臘西部的蘇門答剌港不經斯里蘭卡而直赴索馬利亞南部摩加迪休和肯亞、坦尚尼亞沿海的航線，這些航線遠遠勝出了宋代麻離拔航線。中國寶船深入基爾瓦以南的南非海域，甚至闖過了南非最南端的厄加勒斯角。寶船隊的這些航海活動，可稱為歐洲人環航地球之前最有創舉的航海活動，它將中國文化的西部邊界拓展到印度洋西部地區，在造船、航海和玻璃、醫藥、製瓷等技術領域繼續維繫著雙方已有悠久傳統的切磋和交流。

嘉峪關

　　同一時期，中國透過北京—嘉峪關一線和撒馬爾罕以及阿拉伯半島的麥加開展的陸上商隊貿易也有長足的進步。西元 1413 年，來自中亞哈烈（赫拉特）（帖木兒帝國）和伊朗失剌思（設拉子）的使節還國，永樂帝朱棣派中官李達、吏部員外郎陳誠、戶部主事李暹伴送，最遠抵達設拉子。設拉子是哈烈王沙哈魯（西元 1409－1447 年在位）第二子亦不剌金所任法爾斯總督的駐地。使者以璽書、文綺、紗羅、布帛等中國特產饋贈酋長。1416 年陳誠兩次出使，副使魯安曾到達亦思弗罕（伊斯法罕），亦思弗罕和它的鄰國失剌思亦派使者在 1419 年向中國進獻獅、豹、西馬，明朝回贈白金、鈔幣。1420 年，陳誠第三次出使撒馬爾罕，迎來了失剌思使者，他們以貢馬為名，在 1423 年抵達宣府行宮進見朱棣，用馬匹支援朱棣北征蒙古。中國的彩幣、瓷器同樣深受對方的喜愛。

　　西元 1524 年（嘉靖三年），設拉子和它鄰近 32 部最後一次向北京派使團進行瓷馬貿易。同年，來自伊斯坦堡的魯迷國（Rumi）使團奔赴河西走廊，直到 1554 年，前後共有五次。這時正當鄂圖曼的蘇萊曼一世（西元 1520－1566 年在位）當政，對外擴張臻於頂峰。伊斯坦堡迄今珍藏的許多名貴青花瓷器，至少有相當一部分是由這種直接貿易被輸送到那裡的。在羅馬和拜占庭帝國之後，中國再一次通過地中海、愛琴海和歐洲有了來往。這一次是建都北京的明帝國，透過博斯普魯斯海峽的歐亞陸梁，和那個地跨歐、亞、非的土耳其帝國取得了連繫。明朝和麥加的貿易，則一直維繫著，直至萬曆年間（西元 1573－1620 年），稱得上是歷史上與朝貢、賚賜貿易相始終的一種長途商隊貿易。

　　此後的幾個世紀，由於鄂圖曼人和波斯人之間不斷發生爭戰，鄂圖曼人又面臨著英、法和俄、奧的挑戰，貫通中國和西亞的陸上貿易被西方殖民國家所壟斷的印度洋海上貿易所替代。中國和伊斯蘭世界在文化學術上

的交流雖然由於經堂教育在內地的推廣而有新的起色，但新的文化浪潮已經由西歐向世界各地席捲，中國和西亞都需要在新的挑戰面前重新作出自己的抉擇。進入 19 世紀以後，西亞對逐漸陷入歐洲列強宰割和壓迫的中國來說，一變往昔的光輝景象，成了從民族危機中探求新的自強之路的前車之鑑。

　　分崩離析的土耳其帝國在歐洲列強的覬覦下加速沒落。1918 年第一次世界大戰結束後，土耳其、敘利亞和美索不達米亞、巴勒斯坦繼續受到歐洲列強控制，剛從俄國軍隊的手中掙脫的伊朗又被英軍占領。伊拉克成了第一個獲得獨立的阿拉伯國家。土耳其在穆斯塔法‧凱末爾‧阿塔圖克（Mustafa Kemal Atatürk）領導下進行獨立革命，贏得了中國愛國人士的聲援。

　　第二次世界大戰將中國和伊斯蘭國家一起捲入戰爭的旋渦，使這些地區陷入重重災難之中，同時也加強了彼此的相互支援。中國和西亞所遭受的共同命運，使他們的友誼在反法西斯戰爭中得到了考驗，彼此之間的了解和同情有了更深層次的發展。

第二章
中國與美索不達米亞古文明

■ 第一節
亞洲冶銅文明的中心：西亞與東亞

一、冶銅帶領人類走進文明

　　人類從新石器時代末期才開始脫離野蠻與愚昧，走進文明，這一過程長達幾千年之久。遠古時代萌發的農耕文化，只有東亞的南部以水稻為主，在地中海盆地、西亞和印度都以小麥和大麥為主。同屬野草的馴化作物的小麥和大麥，經過長期的培植，都會長出更大而更有營養的麥粒。小麥的祖先有二，一是丁克爾麥（Dinkel），一是野愛默麥（Emmer）。丁克爾麥麥粒很小，野生在小亞細亞、高加索、克里米亞和巴爾幹。愛默麥是經過馴化後更加優良的麥種，它最早生長在巴勒斯坦、小亞細亞、埃及和西歐。現代歐洲人和地中海地區人用來焙製麵包的小麥是愛默麥的衍生種，美索不達米亞、中亞，伊朗和印度是人類最早栽培這類小麥的地方。大麥的野生種遍布北非、巴勒斯坦、小亞細亞、外高加索、伊朗和阿富汗，亞洲的中部和西南部可能是最早的栽培中心。靠著這些農藝作物，人類第一次有了可以播種、收穫與儲備的食物，逐漸使漁獵和採集經濟在人類生存要素中退居到越來越不重要的地位。

　　最古老的人類群體是圍繞著這些地區一個一個茁壯成長起來的。直到手工業開始重要到需要從鋤耕農業中分離出來，成為一種頗具規模而比之農業需要具備更多的科學知識的一個獨立部門，於是有了城市生活、商品交換和文字。等這些條件都一一成熟起來，地球上便有了最早的文明中心，而這些文明中心，除了尼羅河流域的埃及，幾乎都發生在歐亞大陸最南部具有溫溼氣候的地區。

　　東亞地區是與上述文明發生區有一定距離的古文明發生區。處於長江

流域和黃河流域的中國古文明，自西元前 5000 年起已可以見到成熟的稻作文化和旱作文化。長江流域的溫溼氣候適宜水稻生長，是世界上最古老的稻作文化的誕生地。1973 年，杭州灣以南寧紹平原上的餘姚市發掘出河姆渡文化，存在的年代在前 5000 －前 3000 年，至少有 2,000 年時間。河姆渡遺址普遍存在稻穀、穀殼、稻稈、稻葉的堆積層，農具有石斧和木耜、骨耜，晚期更有方形穿孔石刀。用水牛等大型哺乳動物的肩胛骨製成的骨耜使翻土的效率得到提高。馴養的家畜有狗、豬和水牛。河姆渡文化的另一特色是有發達的木作工藝和最早的漆器（黑、紅兩色）。長江中游湖南澧縣彭頭山出土碳化的栽培稻，雜有野生稻，年代在前 6200 －前 5800 年。長江下游河姆渡和長江中游江漢平原是中國最早栽培水稻的地區，有亞洲最古老的稻穀實物遺存。長江下游餘姚河姆渡、吳興錢山漾、蘇州草鞋山和長江中游澧縣八十璫出土的稻穀都是秈稻、粳稻共存，都有 6,000 年以上歷史。

中國北方黃河流域屬於旱作文化區域。黃河中下游在遠古時代屬於亞熱帶氣候，在中游呈區域性土壤母質的是黃土或黃土狀土。野生植物馴化後最早被栽培的糧食作物是粟。河北南部和河南北部的磁山－裴李崗文化、仰韶文化到龍山文化（西元前 6000 －前 2000 年）的出土物證明粟是當地的原生作物，栽培歷史極久。河北武安磁山遺址在 1976 － 1978 年發掘，提供了前 6000 年中國北方業已栽培粟作食糧的證據，年代之久，幾乎和希臘阿吉薩遺址出土距今 6,960 － 7,950 年的黍相當。中國在 2,000 年前才開始種植的小麥是從亞洲西部一路東傳的結果。1987 年甘肅民樂縣東灰山遺址中出土的小麥和大麥是現在中國境內最早的遺存，有 5,000 年的歷史。約旦河谷長達幾千年的耶利哥遺址中，出土了 100 多件炭化穀物、豆類和水果的標本和粘在泥磚上的作物印痕，其中就有早到 9,000 多

年前的雙稜大麥（hordeum distichum）和雙粒小麥（triticum dicoccum）。由此可以推測，在亞洲東部，農藝作物傳播的最早資訊發生在前 3000 年。這是直到目前為止，我們所獲知的中國西部和亞洲西部之間最早有了連繫的文化資訊。

人類發現金屬礦，就像馴化和栽培糧食作物一樣，同樣也有一個漫長的過程。最早進入文明狀態的古埃及人在向周邊世界尋找金子、貴重的石頭和在當時看來一切具有魔力的物品時，發現了自然銅。和銅共生的礦石往往具有許多光怪陸離的色澤，其中就有孔雀石和綠松石。孔雀石是銅的一種碳酸鹽 $[Cu_2CO_3(OH)_2]$，綠松石 $[Turquoise，CuAl_6(PO_4)_4(OH)_8 \cdot 5H2O]$ 是鋁的一種帶有銅的色性的磷酸鹽，常作為銅的共生礦出現在天然岩層中。古代埃及人無法辨認綠松石和色性與之相似的天青石（lazurite）之間的不同，更增加了綠松石具有的天然的靈性，而使之成為一種極受珍愛的寶石。世界上最古老的綠松石礦是早見於西元前 4000 年以後西奈半島西南部的西拉比・伽丁（Serabit el Kadim）和瓦迪・馬伽拉（Wadi Maghara）。這兩處礦又是歷史悠久的銅礦，出產孔雀石和矽孔雀石，至晚在古王國時期就已開採。埃及稱綠松石叫 mafkat，中國人音譯為「玫瑰」。《韓非子》這部前 3 世紀的古書中講到，「玫瑰」這個名字在前 4 世紀已經出現在中國長江流域的楚國，說明當時中國已經有綠松石了。

金屬礦有光澤，堅硬耐用，加之可以溶解和鍛造，在西元前 9000 年前就引起了人類的注意。銅算得上是最早被人類認識和利用的自然金屬。在很早的時候人們就學會利用自然銅製作飾品了。在伊拉克北部與土耳其接壤的札威・徹米（Zawi Chemi）遺址中發現的一件自然銅飾品，經 C$_{14}$ 測定，年代為前 9217±300 年。過去只知道古埃及人在前 5000 年就知道利用自然銅製作銅錐和銅針了，後來出土的東西多了，新的發現重新開啟

了人們的歷史視野，明白了在小亞細亞東部和兩河流域生活的古代聚落知
道利用自然銅又要早許多。從前 9000 年到前 4000 年的 5,000 年中，人們
所用的銅製品多數來源於自然銅。在地表常與自然銅伴生的孔雀石、藍
銅礦，是最早被人類用來煉製自然銅的礦源。小亞細亞的恰塔爾·荷尤
（Catl Huyuk）和塞貝爾特（Saberde），分別出土過屬於前 7000 －前 6500
年的銅球和銅絲，阿里·庫什（Ali Kosh）發現了前 7000 －前 5800 年經
過鍛打的銅球。這些都是利用自然銅製作的飾品或工具。自然銅通常十分
純淨，呈金黃色，常為赤銅礦包裹，有時存在於含褐鐵礦的泥土中，也有
含銀或含鐵的。赤銅礦的色澤呈深紅色，與共生礦孔雀石呈綠色不同。

　　人們學會從共生礦中冶煉銅的時間，比利用自然銅要晚許多。英國學
者泰列卡特在《冶金學史》（R. F. Tylecote, *History of Metallurgy*, 1979）
中經過仔細研究，認為人類在銅石並用時代和早期青銅時代，無論在歐洲
大陸還是在埃及的許多古文明誕生地，都使用過共生礦冶煉銅合金，產品
有砷銅、銻銅和低錫青銅。最早的冶煉中心在小亞細亞的安納托利亞，從
西元前 6000 年開始，在人類進入錫青銅時代以前的 3,000 年中，有過一
段頗為漫長的使用紅銅和砷銅合金的歷程。在以色列的提姆納（Timna），
處於銅石並用時代的工廠附近就有砷銅的礦床，所以提姆納的產品中出現
過高含量的砷銅。天然礦中也有含錫或含銻的銅礦，而且錫、銻的熔點都
要比砷低，這就為共生礦直接冶煉出銻銅、低錫銅提供了可能。人工冶煉
銅按照銅合金的成分可以分成人工紅銅和非人工紅銅兩種。從時間序列
論，通常是直接由共生礦冶煉獲得銅合金的方式，即非人工銅合金發生在
先，然後才有人工冶煉的紅銅。在西亞、中亞、歐洲那些早期冶銅遺址中
見到的多半是砷銅、銻銅，也有部分屬於低錫青銅，由此煉成的銅也會有
砷銅、紅銅和低錫青銅之別。

新疆新源出土銅鈴

　　經過光譜分析證實，在銅合金冶煉史上，在歐亞大陸和地中海東部所有地區，砷作為一種合金成分要較錫早得多。這種情況在西元前 4000 年至前 3000 年間人類經歷的一段「合金試驗時期」（Era of experimental alloying）中是一種普遍現象，無論在安納托利亞還是附近的亞塞拜然、南歐、賽克拉德斯、克里特和以色列都是如此，而且在稍遠的伊朗和印度河流域也不例外。在這個長達 2,000 年的試驗時期，砷這一在自然界分布很廣而性質介於金屬與非金屬之間的化學元素，由於獨立存在的很少，大多以硫化物形式夾雜在銅、鉛、錫、鎳、鈷、鋅、金等礦物中，因而在共生礦冶煉過程中通常都有存在。

　　砷有黃、灰、黑三種同素異形體，灰色晶體性脆而硬，具有金屬材質，可用來製作硬質合金材料，因此成為在錫被應用以前常用的合金成分，含量從 0.25％以下到 4％，甚或高達 10％～ 12％。在這個合金試驗時期中，人類有意識地將砷（As）、銻（Sb）和鉍（Bi）加入到自然銅鑄件或冶煉的礦石中。由於砷的氧化物沸點較低，容易揮發，在還原條件下冶煉含砷的氧化銅礦石產品中保留的砷一般不超過 2％，對增強銅的硬度不明顯。在砷含量達到 8％～ 11％時，合金硬度便會增加，但性脆，致使

表面出現許多裂紋。砷銅合金冷加工工藝最合適的含砷量是 2%～ 6%，這種比例的合金延展性能良好，合金硬度會隨冷加工的增加而明顯提高。小亞細亞和近東在西元前 4000 年出現的砷銅合金多半是當地居民從含砷的硫砷銅礦（Cu_3AsS_4）取得的。在一些地區，直接從含錫、含銻的共生礦中煉出低錫青銅或銻銅。砷青銅具有固熔強化、加工硬化作用，並且還可用作銅的去氧劑，使它較純銅具有更好的機械性能。含砷的銅經過冷鍛能迅速硬化，性能優於紅銅。當共生礦是銅的硫化礦時，砷會在焙燒中大量流失，煉出較純的銅，硬度反不如砷銅。加之由於砷的毒性，人們最終轉向使用銻、錫冶煉銅合金。

錫青銅的性能比砷青銅優越。熔點 1,083.4℃的純銅，加入錫以後，會使熔點降低，硬度加大。含錫 25%的青銅，熔點會降到 800℃，硬度反而會增加好幾倍。人工熔煉銅合金，從砷銅起步，進而提升到砷青銅，最後進至錫青銅，說明人類在冶煉銅合金過程中逐步掌握科學知識，不斷提升冶煉技藝，規範操作進程，最後達到完美的境地。

小亞細亞和近東的居民從當地豐富的硫砷銅礦中煉製砷銅，是在西元前 4000 年以後展開的。巴庫地區庫爾泰普（Kultepe）遺址證實了由砷銅向錫銅合金演進的過程。在那裡，從地層 1 到地層 2 到地層 3，是自然銅演進為砷銅的遺存，地層 3 和地層 4 則是銅錫合金遺存。人們取得錫青銅合金技術是經歷了長達 2,000 年的試驗期的。

兩河流域南部古城烏魯克、烏爾、烏瑪、尼普爾都有冶銅工廠，鑄造了甲冑、刀劍、長矛、弓箭等兵器和精美的飾品。北部古城拉格什曾是閃族阿卡德人的重鎮。在連年爭戰中，這些城邦國家先後擴充自身的實力。西元前 2200 年，阿卡德人以巴比倫城為中心建立了巴比倫帝國，城市遍布在這一地區長達 900 公里的地面上。最古的烏爾城前後經歷三個王

朝，一度成為美索不達米亞的政治、文化中心、帝國的首都。自 1927 年到 1931 年，英國考古學家伍萊（Charles Woolley）發掘出 1,850 座墳墓，其中有 16 座王室陵墓，出土物十分豐富。這座年代久遠的古城大約在前 1738 年被戰火摧毀。烏爾附近並無銅礦，冶銅的礦石都從遠方運去。有證據表明，至少在前 2200 年以後，烏爾第三王朝已從阿曼輸入銅礦石加以冶煉。那時阿曼蘇哈爾附近的基西乾河以及古爾乾河等地都是產銅的地方，至今還有廢棄的銅礦遺跡可見。

中亞細亞土庫曼斯坦捷詹河附近的納馬茲加文化，早在 20 世紀初施密特（Hubert Schmidt）在安諾發掘時曾命名為安諾文化，後來繼續經過多次發掘，發現了阿爾登（Altin Depe）、納馬茲加（Namazga Depe）、卡波茲（Khapuz Depe）、喬伊丹（Djeitun）和錫爾河流域的楚斯特（Chust）文化遺址，從冶銅遺址中採集到成批的砷銅、紅銅製品。捷詹河西岸阿爾登丘遺址出土前 2,300－前 2,000 年的銅器，有短劍、刀、鐮、矛頭、管飾，主要是砷銅或鉛銅合金，尚未進入錫青銅階段。這裡是最靠近中國西部的一個冶銅中心。中國西部古銅礦遺存與納馬茲加文化最為相鄰的是伊黎河流域尼勒克縣奴拉賽古銅礦遺址，這裡在 20 世紀末發現過前 1 世紀下半葉的礦石、銅渣和廢銅錠，銅製品含有少量的砷，卻未發現過錫青銅。

和中國西部地區最相近的冶銅文化中心，還有一個是西伯利亞西南部葉尼塞河上游的米努辛斯克盆地發展起來的阿凡納西沃文化（約西元前 2000－前 1500 年），和繼起的安德羅諾沃文化（西元前 1500－前 1200 年），以及更晚的卡拉蘇克文化（西元前 1200－前 700 年）。米努辛斯克的冶銅技術和納馬茲加相近，在阿凡納西沃和安德羅諾沃文化時期也以紅銅為主，自前 1600 年以後才受到歐洲伏爾加河和奧格河的塞伊瑪文化的影響。這種文化在前 1600 年到前 1300 年間曾經通過貝加爾湖向南到達蒙

古南部，和商文化有過連繫。但是按照它的冶銅技術，無論如何難以對中國產生值得注意的影響。當時這裡和黃河河套地區的經濟連繫是由丁零等一些游牧民族的遷移為媒介而產生的。

那麼中國本部在冶金試驗時期又是怎樣的情況呢？這就必須從 20 世紀的一系列考古發掘中來找答案了。

二、中國境內冶銅文明的產生

到人們跨進 21 世紀為止，在中國境內發現的商代以前亦即西元前 1600 年以前的早期銅器共有近 400 件，其中甘肅就有 300 多件，占了總數的 80% 以上。甘肅境內從東到西遍布出土早期銅器和銅渣的遺址，鄰近地區銅礦、錫礦、鋁礦和包括銅砷礦在內的多金屬共生礦是當地居民煉取銅合金的礦源。但是目前中國境內發現的最早的銅製品是 1973 年在陝西臨潼薑寨仰韶文化早期居住遺址中出土的一個半圓形銅片，是含鋅達 25% 的黃銅片。房屋的炭化木橡經 C_{14} 測定並經樹輪校正，年代是前 4675 ± 135 年，這是迄今為止中國古遺址中最早見到的金屬塊。陝西渭南仰韶文化晚期出土有銅笄，經檢測也是黃銅，具有鍛造組織。甘肅境內的馬家窯文化，年代相當於中原仰韶文化晚期。1978 年在東鄉林家的馬家窯文化層中，出土了一把完整的銅刀和部分銅器碎片，是中國境內最早可辨器形的金屬製品，刀背呈弓形，圓尖，柄部很短，遺址的年代在前 3280 — 前 2740 年間。這一年代和 1942 年在山西榆次源渦鎮出土的一塊陶片上的銅渣年代相當，陶片年代約為前 3000 年。東鄉林家的灰坑中還發現了銅碎渣，經岩相鑑定，小塊銅碎渣由孔雀石組成，較大塊的主要是褐鐵礦 40%、孔雀石 30%、石英 10%、赤鐵礦 5%、金屬銅 5%，並有少量鐵橄欖石，是一種由銅鐵共生礦冶煉不完全的冶金遺存。銅碎渣的存在表明了一次冶煉銅鐵氧化共生礦失敗的紀錄，證明當地冶煉成低錫青銅刀並非偶

然出現的孤證。由此可以肯定，前 3000 年左右，黃河中、上游地區確已展開對冶銅技術的探索。

　　甘肅東鄉林家馬家窯文化遺址出土的銅刀，是一把含錫 6%～ 10% 的青銅器，也是目前所見中國最早的青銅器，它的絕對年代和近東發現的世界上最早的青銅器的時代不相上下。泰列卡特在《冶金學史》中舉出，世界上最早的含錫 8%～ 10% 的錫青銅器是西元前 2800 年烏爾的王陵中出土的銅斧和短劍，屬於烏爾第一王朝時期。

　　陝西仰韶文化中出現黃銅，來源於含鉛鋅的氧化共生礦。這類銅器還見於山東龍山文化遺址中，一是 1974 年膠州市三里河發現的兩段可以對接的銅錐，含鋅達 22%；二是 1982 年長島北長山店子發現的一件圓形銅片，含鋅達 34.89%。在諸城、棲霞、煙臺牟平、日照也發現了銅片、銅錐以及煉渣、孔雀石等煉銅原料。河南龍山文化（或龍山時代的中原文化，西元前 2400 －前 1900 年）晚期，共有 5 處遺址出土銅器。1981 年在登封王城崗一個灰坑中出土一件容器殘片，寬 6.5 公分，高 5.7 公分，厚約 0.2 公分，是中國目前所見最早的容器殘片，容器含有鉛、錫。鄭州牛寨出土過煉化鉛青銅的爐壁殘片。臨汝煤山兩個灰坑中發現的煉銅坩堝殘片是中國目前所見最早的坩堝。黃河中、上游在前 2000 年的 1,000 年中處於利用銅的氧化共生礦還原熔煉階段，當時所能採集到的銅礦石決定了熔煉成的銅器是黃銅還是低錫青銅，它們的出現不是人工冶煉的目的物，只能表明冶金技術尚處於初始階段。

新疆新源出土銅武士人像

繼馬家窯文化之後興起的甘肅東部齊家文化（西元前 2255 －前 1910 年或更晚），在 6 處遺址中共出土紅銅和錫青銅 45 件，主要材質是紅銅。年代最早的武威皇娘娘台共出土銅器 30 件，有銅錐 15 件，銅刀 6 件，鑽頭 2 件，銅鑿、銅環、銅條各 1 件，並有銅器殘片 4 件，都是紅銅。永靖秦魏家出土 7 件銅器，有銅錐、銅條、銅指環及飾品，廣河齊家坪出土長 15 公分的銅空首斧 1 件、鏡 1 件，廣河西坪出土了長 18.3 公分、柄長 7 公分的銅刀 1 件，材質都是紅銅。

自馬家窯文化出土東鄉錫青銅刀後，甘肅永登蔣家坪出土馬廠時期（相當於河南龍山文化）銅刀，也是青銅。這類錫銅製品在西部地區齊家文化中也續有發現。甘肅永靖秦魏家的銅指環，青海貴南尕馬台的銅鏡，甘肅廣河齊家坪的銅鏡，都是錫青銅製品。

中國本部的中原地區，東起山東、河南，西到陝西，在前 3 世紀最早的冶金遺存中，先後出現了黃銅製品，有刀、笄、錐、條等工具和日用鑄件。同時出現的還有錫青銅，但沒有砷銅和紅銅製品。這是由於山東東部擁有豐富的銅鋅鉛共生礦和銅鋅共生礦資源，在那裡發現過古代採坑、煉渣等遺跡。

中國西部齊家文化出土的銅器數量比馬家窯文化明顯增多，在晚期出現的裝飾品和斧、鐮等工具中，銅器材質以紅銅為主。鍛製的小件刀、錐，鑄造的大件銅斧，都表明這時紅銅的冶煉與技術逐漸成熟，並曾逐漸向東傳遞，在河南臨汝煤山灰坑發現的爐壁有 6 層銅液附著物，山西襄汾陶寺龍山文化墓葬出土有含銅量達 97.86% 的紅銅鈴。

中國本部在西元前 2000 年進入夏代，代表文化偃師二里頭文化已有了銅容器製作技術，成為中國境內最先進的冶金文化。甘肅東部齊家文化以熔煉紅銅為主，進化的程度僅次於中原文化，初步突顯出西部地區在冶

金技術和銅合金知識方面有了比以前更大的進步。甘肅中西部在前 1800 年左右到前 1300 年間展開的四壩文化，是 1948 年在甘肅山丹縣四壩灘發現石器、陶器的同時出土了銅器和金器而被單獨命名的。四壩文化金屬冶煉技術繼承馬家窯文化馬廠類型（西元前 2300 －前 2000 年），與齊家文化同時展開，分布在東西 600 公里長的河西走廊。酒泉干骨崖遺址附近曾發現有馬廠類型的冶煉銅塊和銅錐，當地冶金技術自有一種前後承續關係。1976 年玉門市清泉鄉火燒溝發掘 300 多座墓葬，隨葬銅器的有 106 座，出土銅器超過 200 件。1986 年和 1987 年在安西、民樂和酒泉的 300 多座四壩文化墓葬中，共取得銅器 73 件，並在地表採集到若干殘件。到 20 世紀末，四壩文化銅器已發現 270 餘件，工具中有刀、削、錐、有銎斧，武器有矛、匕首、箭鏃，飾品有耳環（桃形為主）、指環（三圈以上銅絲繞成）、手鐲（桃形）、扣飾（蘑菇形）、泡、六連珠和三連珠飾。四壩文化中的直柄銅刀起源於前 3000 年的馬家窯文化的馬家窯類型，其後在齊家文化中多次出現，但四壩文化中的刀形制規範，且都是有柄複合工具，又出現了新產品環首刀和有貫通銎的斧。環首刀形制和古埃及的式樣相仿。矛和匕首僅見於玉門火燒溝墓地。飾品中只有指環和外緣有小孔的銅泡在較早的馬家窯文化和齊家文化中已經有過，耳環、手鐲、連珠飾則都初見於這一地區。

　　民樂東灰山和酒泉干骨崖出土 68 件銅器。經原子吸收光譜、掃描電鏡和金相分析，民樂東灰山銅器全是含砷量在 2%～ 6% 的砷銅；酒泉干骨崖遺址銅器中有銅錫合金，含錫量多在 2%～ 10%，出土的含砷合金比例與東灰山接近，雙方在工藝上或有連繫。含砷比例低於 7%，是冶煉砷銅共生礦的結果。火燒溝銅器中，紅銅器占了一半，且含砷量微小，錫青銅、鉛錫青銅數量很多。安西鷹窩樹遺址銅器全部是銅錫合金製品，而且

多是鑄件。與齊家文化相比，四壩文化的冶銅工藝要更進步。四壩文化中不但有紅銅器，干骨崖和東灰山遺址還出現較多的砷銅器，這類銅器為中國中原早期遺址中所沒有，是中亞和近東地區早於青銅久已使用的冶銅製品。在甘肅境內，時代偏早的民樂東灰山遺址所見多為砷銅合金；時代偏晚的酒泉干骨崖遺址，銅錫合金比例明顯增加；時代最晚的安西鷹窩樹遺址，全部是鑄造的錫青銅製品，尚未使用較成熟的鍛打錫青銅技術。

　　四壩文化以酒泉為中心，就遺址時代和工藝特色而論，表現出位置偏東的遺址以砷銅、紅銅為主，位置偏西的遺址以錫青銅為主的走勢。四壩文化青銅器多屬小件工具、裝飾品，尚未出現青銅容器；而且在錫青銅以外，還有鉛青銅和鉛錫青銅，使用複合陶範分鑄法鑄造器物。這種技術與中原地區同時代青銅鑄造技術相仿，可以確定四壩文化後期已屬青銅時代文化。銅器的形態普遍具有北方草原文化風貌。火燒溝發現的 1 件青銅鑄造的四羊首權杖頭，外形與細頸小壺相似，下端刻有四道凹弦紋，充分展現出北方游牧、畜牧經濟文化圈的民族特色。人種學研究表明祁連山北麓甘肅河西地區，自新石器時代到青銅時代是東亞蒙古人種分布區，至今尚未見到有歐羅巴人種居住的遺存，足以排除當地冶金工藝由來自蔥嶺以西的白種移民傳入，而是由於祁連山北麓富有銅礦、錫礦、鉛礦和多金屬共生礦的天然資源，當地居民就地開發資源的結果。

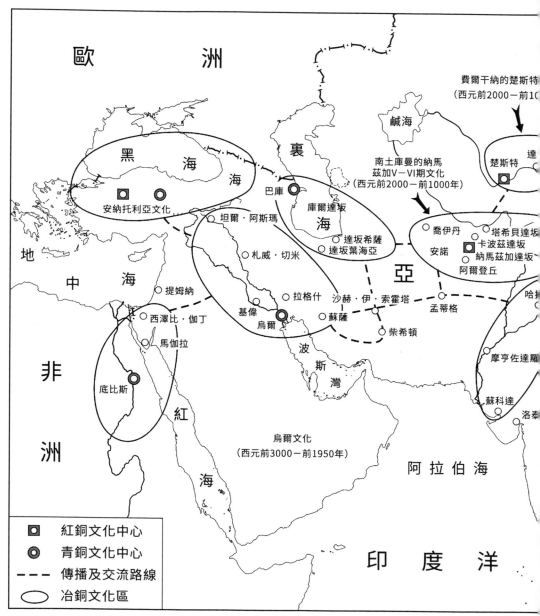

東亞、中亞與西亞早期冶銅業分布地點示意圖

米努辛斯克的阿凡納西沃－
安德羅諾沃文化
（西元前2000－前1200年）

伊犁文化
奴拉賽

哈密焉不
拉克文化

吐魯番
蘇貝希文化

四坝文化
（西元前1800－前1300年）

馬家窰－齊家文化
（西元前3000－前1600年）

龍山文化－夏商文化
（西元前3000－前1100年）

玉門火燒溝
酒泉乾骨崖
安西鷹窩樹　　山丹四坝灘
民樂東灰嘴
伊金霍洛旗朱開溝
牟平
武威皇娘娘臺
東鄉林家
日照　諸城
登封王城崗
偃師二里頭
洲
臨夏東鄉
廣漢三星堆
河南龍山－巴蜀文化
（西元前2000－前500年）
成都鳳凰山
新干

東
海

會澤

滇越文化
（西元前2000－前500年）
晉寧石寨山

孟加拉灣

南

班清

班考
班清文化
（西元前3000－前1000年）

海

現在可以明白，中國境內自出現金屬冶煉技術起，至少可以以河套地區為基準，劃分成東西兩大區。東區即中原地區，最早從黃銅、錫青銅起步，在西元前 2000 年以後已最先跨入青銅時代，到前 1300 年進入鼎盛時期，製造出成批精美絕倫的大型青銅容器。西部即河套以西甘肅及其鄰近地區，包括新疆境內、天山山脈西部尼勒克縣奴拉賽冶銅遺址在內，最早從紅銅、砷銅開始，直到前 1500 年以後才首先在甘肅西部地區掌握錫青銅的冶煉工藝，它的技術資訊是否來自中原或北方的某一冶銅中心，抑或曾與中亞地區的銅合金文化有過資訊交流，目前尚未有可供連結的中間環節提供足夠的材料。後來的田野發掘只知道在新疆東部羅布泊的小河墓地出土的錫耳環是當地最早的純錫製品，年代約在前 1600 年前後，與四壩文化約略同時。泰列卡特以為前 2000 年金屬冶煉技術經高加索或伊朗傳入中國的說法難以找到與之呼應的事實。從目前考古發掘取得的證據看來，如果僅僅限於說中國西部的冶金技術來自蔥嶺以西地區，也仍嫌缺少立論的依據。退一步說，歐亞草原如果和中國西部在冶金技術上有過交流，那麼這個開端恐怕最早也要延遲到前 1000 年以後才有可能。唯有馬文化才能在廣闊的歐亞草原上擔負起傳遞不同民族之間各種資訊的重任。

■第二節
彩陶文化的多元起源

在很長時期中，橫貫亞洲銜接歐亞草原的通路在鄂畢河上游和阿爾泰山地區折而向西，亞洲的西部和東部被帕米爾高原切割成兩個幾乎不相連續的部分。黃河中下游的古文明和兩河流域的巴比倫文明的連繫經受了漫長的蹉跎歲月。考古學家曾經透過 19 世紀以來在歐亞大陸廣泛發掘到的

彩陶文化探索亞洲西部與東部之間文明的早期連繫。

　　歐洲考古學家在發掘了巴比倫的彩陶文化以後，又在義大利西西里島、希臘北部乞洛尼亞、多瑙河下游的科科特尼、東歐的格拉齊亞、烏克蘭的特里波利等遺址中見到了類似的彩陶。當 1921 年中國地質調查所在河南省澠池縣仰韶村初次取得了新石器時代晚期的大量石器、骨器和粗陶、彩陶以後，發掘者瑞典學者安特生（J. G. Anderson）匆匆地將遺址的年代定在西元前 2500 年，認為：「巴比倫在前 3500 年已經有了彩陶，中國彩陶比它晚得多，因此一定是從西方傳來，而不是由東方傳去的。」[009]

　　仰韶出土的許多紅黑相間的彩繪陶器和螺紋、三角紋、幾何紋等多種圖案，在外觀上和歐亞大陸其他地區彩陶相似，使得安特生的論點得到發掘波斯古都蘇薩的雅各·特·摩根（Jacques de Morgan）、發現中亞安諾遺址的美國龐拜萊的支持。1914 年斯坦因（Marc Stein）第三次中亞探險時，在伊朗東部錫斯坦取得的陶器曾被認為與仰韶彩陶最為相似。但隨後，安特生在甘肅、青海對彩陶文化的繼續發現，卻越來越顯出他的關於彩陶文化透過新疆南北部山間谷道東傳的理論具有難以彌補的年代序列上的缺陷。他的這一論點早在 1924 年便遭到了瑞典漢學家高本漢（Klas Karlgren）的駁斥。

　　此後，對仰韶文化及其各個分支文化的研究顯示河南彩陶文化是一個向四方輻射的源頭，它的年代在西元前 4500 年。陝西省西安半坡村是一處經保護起來供人參觀的保存良好的仰韶文化遺址，它的年代經 C_{14} 測定，是前 4115110 年至前 3635±105 年，比之英國大英博物館霍布生（Hobson）鑑定的伊朗東部錫斯坦的彩陶（屬西元前 2500 －前 2000 年）

---

[009]　J. G. 安特生：《中華遠古之文化》（Johan Gunnar Andersson, *An early Chinese Culture*），《地質匯報》（*Bulletin of the Geological Survey of China*）1923 年第 5 號第 1 冊。

要早上 1,000 ～ 2,000 年，與伊蘭文化中的彩陶（西元前 4000 －前 3000 年）屬於同一時期。中國河南彩陶和伊朗彩陶在宏觀上具有共同特徵，仍被西方人士認為雙方可能有一個共同的起源。英國的威廉・沃森（William Watson）認為：「中國中部仰韶新石器文化的陶器與前 4000 年後期伊朗中部泰佩錫亞爾克所使用的陶器非常相似，雙方可能有一個共同的起源。仰韶彩陶正是從伊朗高原傳播出來的陶器裝飾傳統所能達到的東部極限。」[010]

伊朗北部也曾見到中國所獨有的鼎、鬲類三足陶器，但相似之處十分微弱，只能看作是曾經出現在那裡的移民文化的遺存，或者人類在創造過程中對思維曾經閃耀過數理火花的一種紀錄。這種紀錄，顯示了生活在不同地域的不同種族的人在思維活動中出現的共同性。就像蘇美人發明一年 12 個月的太陰曆，也未曾對遠方的中國人制定同樣的曆法有過什麼啟示一樣。

達姆甘出土的西元前 4000 年的陶器

---

[010]　《劍橋伊朗史》（*The Cambridge History of Iran*），第 3 卷第 4 章〈伊朗與中國〉。

　　瑞典學者阿爾納（Arne）贊同安特生的彩陶文化西來說，以為仰韶村與秦王寨的彩陶，論胎質之薄，只有蘇薩 I 期彩陶約略可比；論陶器的成分，氧化鐵含量高達 20%，與安諾 II 期陶器相似；論紋飾，與蘇薩 I、II 期類同，尤其和塔克‧繆辛酷肖 [011]。阿爾納還特意提出了一種南方印度－日爾曼民族自西方遷入中國華北地區的理論。關於中國文明起源問題，由仰韶彩陶文化及以後陸續在中國北方所發現的彩陶文化引起的對中華遠古文化的探討，在第二次世界大戰前的學術界曾引起很大的爭論，使得 19 世紀末英國的特林‧德‧拉科帕里（Albert Lacouperie）的巴克族移民說和巴爾的蘇美人東遷說一時大有再度復活之勢。拉科帕里在 1894 年發表的《中國文明西方起源論》（*The Western Origin of Chinese Civilization*）中系統地發揮了他關於中國古史是兩河流域古史翻版的主張。他的立論根據是，中國古代所稱的「百姓」（人民）就是巴比倫的巴克族，百姓即「巴克」（Bak）的音譯。炎帝神農氏是巴比倫古史上的薩貢（Sargoon），黃帝有熊氏的「有熊」譯自蘇撒王納洪特（Kudur Nakhunte）。此說一出，在當時竟成了對中國古史茫無所知的西方學術界十分流行的時髦學說。日本白河次郎、國府種德寫作《中國文明發達史》（西元 1899 年）也起而接踵，將中國文明的源頭嫁接於巴比倫的移民。就在這 1899 年，商代的甲骨文開始再現於人世，說者又起而附會它起源於西亞的閃語，主張閃米特文字是巴比倫、埃及、雅利安、希伯來、阿拉伯等東方文字的源頭，以為「鳥」、「人」、「山」、「水」等字，甲骨文與閃米特文相似，和安特生《甘肅考古記》中定作辛店期彩陶花紋中的鳥、人相似。實則甲骨文中的「鳥」、「獸」都呈側式，兩足鳥僅見其一，四足獸只有兩足。炎黃後代的中原先民在自己世居的土地上創造凝結而成的文明，在三四千年

---

[011]　阿爾納（T. J. Arne）：〈河南石器時代之著色陶器〉，《古生物志》1925 年丁種第 1 號第 2 冊。

前，尚無可能將 6,000 公里以外的發達文明加以吸收與仿效。

　　遠古時代在黃渭平原和兩河流域各自製作彩陶的民族，即使有過微弱的文化交流，但人種遷徙的事實卻無論如何也得不到古人類骨骼發現的證實。彩陶文化的發明權是中國的黃渭居民和美索不達米亞、伊朗高原的先民各自在特定的環境中獨立進行的一種創造，那些微弱的連繫即使存在過，也一定是發生在他們各自的彩陶文化出現許久以後的年代裡的事了。

■第三節
馬文化從庫班草原走向中國

　　馬是六畜中一種較晚被人類馴養的動物，以往認為人類駕馭馬匹的歷史大約只有 3,000 多年。但是後來的考古發現將這段歷史又上推了 3,000 年，發現了養馬的起源地正好在歐亞大陸的歐洲一側。在烏克蘭的銅器時代遺址史萊特尼史托克（Sredny Stog）曾經出土過一批又一批的馬骨，對這些馬的牙齒被馬銜造成的磨損程度的研究足以證明這是一些家養供人駕馭的馬。遺址的冶銅文化出現在西元前 4300 －前 3500 年，幾乎與兩河流域的歷史相差無幾，由此可以推算出人類成為馬的騎手至少也有 6,000 年之久了。

　　史萊特尼史托克文化的德萊芙卡（Deriivka）遺址是在 1960 年才發現的，後來在 1983 年又有了重要發現，在廢棄的垃圾堆中出土了 2,412 件馬骨，是可以確認的動物骨骼總數的 61.2%，至少可以代表 52 匹馬，估計有 1.5 萬磅肉。德萊芙卡遺址位於基輔以南 250 公里第聶伯河的西岸，遺址出土的大量動物骨頭，有馬、牛、綿羊、山羊和豬。這些動物給當地居民提供肉食和皮毛，組成了德萊芙卡的畜牧業。獨具特色的則是馬的飼

養，使該地區留下迄今為止最早的馬文化遺存。當地居民使用磨製石器從事農耕。從馬銜的對比研究知道，那裡馴養馬匹最早的用途是供坐騎，年代比車輪的使用還早 500 年。

可以長途跋涉和快速奔跑的馬是人類在發明機動車以前最理想的運輸工具。透過馴養和使用馬匹，人們可以畜養更多的牲口，加快貨物的流動，使遙遠的未知地的資源成為觸手可及的財富，同時也使得人類緣於對土地、水源和其他各種資源的不知滿足的追求，展開了歷史上最早的軍備競賽。

庫班草原的馬文化從滋生到壯大，經歷了 2,000 年。歐洲的東部和亞洲的西部首先成為馬文化向西、東兩個不同方向輻射的地區。進入前 2 世紀，亞洲西部的文明中心由於接受了馬文化而產生了巨大的變化。伊朗雖早到前 3000 年已經馴養馬匹，但在以後的 2,000 年中並無長足的進展。在歐亞草原的廣袤土地上，馬文化最初為游牧民族所接受。中國北方要到前 1500 年以後才豢養馬匹，從此以後，黃河中游的東亞文明才有可能聯絡到更加遙遠的西部地區。

東亞和西亞最初的文化連繫是由那些分布在天山以北、西伯利亞南部和裏海東部的部族以接力賽的方式進行的。直到商文化進入西伯利亞遠及伏爾加河上游的塞伊瑪地區以後，裏海南部的文明世界才逐漸透過中亞細亞的草原牧民和中國天山地區有了資訊往還。西元前 1000 年以後，中亞細亞社會經歷了一場巨大的變化，推動這裡的居民奔向大規模豢養馬匹，進入騎馬文化的新時期。這使中亞細亞逐漸成為溝通亞洲東西部的橋梁。中國的周文化也跟著騎馬文化的資訊將自己的勢力伸向早先認為不可企及的遙遠的西方。

騎馬民族在傳遞東西方文明方面產生的作用是難以估量的。中原地區的華夏民族主動和中亞的騎馬民族接應的，是前 12 世紀在陝西中部的周

原興起的周民族。周民族的祖先是一個名叫姜嫄的婦女。姜就是羌民族，姜嫄是一名羌族少女，後來和姬姓的周族聯姻，周民族因此有了羌族的血緣。姬周的統治者在前 1046 年聯合西部各部族擊敗殷王帝辛建立周王朝以前，早已和河西地區的羌人有聯盟關係，一向重視馬的馴養和繁衍。根據埋在前 3 世紀古墓中的一部古書《穆天子傳》所述，在前 12 世紀，建立周王朝的武王（西元前 1056 － 前 1043 年在位）的曾祖父大王古公亶父很早便和中國西部的游牧部族締結盟約，將他的一名侍衛長季綽派到蔥嶺東邊產玉的地區，並將宗室的女兒許配給他為妻，讓他代表周王室管理這塊地方，好控制貴重玉石的開採，將他們源源不斷地輸送到中原。而古公亶父早已使用馬匹作為坐騎，往來於潼關內外了。3,000 年前周人靠騎馬駕車將一批陝西人移居到了新疆的葉爾羌一帶，向崑崙山北麓著名的和田玉的產地進行移民，在那裡建立起一個名叫赤烏氏的國家。赤烏（Tcheou）的陝西話讀音和「周」的發音很相近，赤烏氏也就是周人和羌人在葉爾羌、和田建立的國家了。《穆天子傳》還描述了周穆王姬滿（西元前 977 － 前 922 年在位）曾經率領人馬從洛陽到赤烏氏那裡去巡視，挑選了大量的上等玉版和數以萬計的玉料裝車運走的情景。

　　過了幾個世紀，在前 6 世紀由齊人編寫的《山海經·大荒西經》中，赤烏氏之國變成了西周之國。那裡有發達的農耕生活，居民也和周宗室一樣姓姬。這個西周國正是出產和田玉的地方。古時候中國人把這種品質最優良的玉稱作崑山之玉，是因為它們出產在雄偉的崑崙山脈。崑山之玉出在和田和葉爾羌之間，大約在前 2000 年以後就被運進內地了。中國古人以玉比德，代表王者，是屬於有地位的人的佩飾，可以分成七等或五等。選玉最重要的標準是質地，其次才是色彩。中國境內在前 6000 年已經開始用玉作為身分的象徵。北方遼寧的紅山文化、南方長江下游的良渚文化

都有發達的玉文化。1930年代在河南安陽開始發掘商代晚期都城殷墟，取得數千件精美玉器。據科學檢測，這些為商王室使用的上等玉石幾乎全是和田玉。過去英國學者從1874年的史托利茨格起到後來的李約瑟（Noel Needham），法國學者沙畹（Édouard Chavannes）與美國東方學家勞費爾（Berthold Laufer），全都認為漢代以前中國並不產玉，要到漢武帝派張騫通西域後崑崙山的軟玉才傳到中國。但事實是，前1300年，崑山之玉的開採已經很可觀，並且和內地建立了貿易關係。打那時起，蔥嶺東側的這塊玉石產地就已屬於中原王朝了。

　　前7世紀，連最東邊緊靠大海的齊國也都知道了「玉起於禺氏之邊山」。《管子》這部古書將8,000里外的禺氏和8,000里外的崑崙之虛（墟）相提並論，指出那裡是周王朝獲得白璧和彩色寶石的產地。運輸和田玉的玉石之路，東起成周的都城洛陽，向北經過山西省中部的雁門山，再轉向西邊的河套地區，然後取道庫魯克塔格南緣，沿崑崙山北麓直通和田玉的產地，總共的確有8,000里（4,000公里）之遙。這條運輸玉石到內地的路，不但遙遠崎嶇，而且也很凶險，沿途盡是沙漠和險峻的關隘，還要提防出沒其間的游牧民族的襲擊。但是有了這條路，中國人終於在帕米爾高原的東側找到了像塔什庫爾干、瓦罕谷、烏魯克恰提和納倫河上游的納倫山口等一系列可以通行的山隘，從此中國人走進了亞洲西部文明的中心區。由前6世紀的《山海經・大荒西經》可知，他們的地理知識已將他們帶入兩河流域的沃民國（巴比倫）。《山海經・海外西經》更列有在沃民國以北的白氏國（Perse），和更北的肅慎國（Scythia）。這個肅慎國絕非黑龍江下游的肅慎，只是前5世紀的地理學家借用了古已有之的一個北方邊遠民族的譯名。恰好是這個譯名，一下子將在黑海北岸和裏海之間過著騎馬的游牧生活的斯基泰人圈入了中國人的視野。中國最初記述的歐亞草原

上最傑出的騎馬民族斯基泰牧民，在時間上和希臘歷史之父希羅多德的論述不相上下，同樣古老。

■第四節
中華文明向西的傳播者：西周國

一、《山海經》中的西周國和軒轅國

西周建立以後，中國的絲織品生產有了很大的發展，絲線、絲布、綾錦、紈綺等絲織品不僅運銷亞洲各地區，而且遠銷到歐洲。3,000 年前一批關中人跟著周王朝的宗室移居到了西域（現新疆）的葉爾羌一帶，在那裡一邊墾殖，一邊開採和田玉。不用說，許多絲織品也經過他們運往蔥嶺以西的文明國家。在波斯詩人費爾杜西的編年史詩《帝王紀》中，季綽被譯作季夏（Jamshid），季綽的後代在那裡世代相傳。《山海經·大荒西經》稱這裡是西周之國，說他們是后稷弟弟的兒子叔均的後代，姬姓，在蔥嶺的東邊種田食穀，傳播農藝；又說那個地方有赤國妻氏，有雙山。赤國妻氏，也就是《穆天子傳》裡周穆王到過並從那裡運走和田玉的赤烏氏的國家。「赤烏」兩個字拼起來正好是陝西話裡的「周」，赤烏氏無非是周代宗室女的後代了。這一批陝西移民到達這裡以後，便世代相傳，繁衍生息，將這裡經營成華夏族最西邊的前哨。

《山海經·大荒西經》中還有一個在西部地區極遠之處的軒轅國，說是在「江山之南」，居民以江山以南的地方為聚居地，因此人口就繁衍起來了。後出的《海外西經》對軒轅國的位置說得比較清楚，說是在「窮山之際」，又說在女子國的北面。這裡的「窮山」也就是《大荒西經》中「江山」的音轉，位置在帕米爾高原的南部，正好在喀什米爾境內的女子

國的北面。

蔥嶺東邊從莎車、葉城往東，連同皮山、墨玉、和田、于闐等幾個縣都產玉。皮山有座密爾岱山，更是著名的玉山，半山以上全是潔白無瑕的玉，《山海經‧海內西經》乾脆將這裡合稱作西胡白玉山了。〈海內西經〉寫成於前 4 世紀下半葉，要比〈大荒西經〉晚 200 多年，那時，和田玉的生產又有了新的變化，已經不屬於西周國管轄了。〈海內西經〉描述流沙出鍾山（祁連山、冷龍嶺）後西行又南行，將河套以西的騰格里沙漠直到塔克拉瑪干沙漠全都囊括在內了，並且進一步指出西胡白玉山在大夏的東面，白玉山早就歸屬西胡；這時的大夏人（吐火羅人）還沒有進入阿富汗，居住在疏勒到庫車、焉耆一帶，所以出產和田玉的白玉山正好位於它的東南。〈海內西經〉還指出白玉山的西南是蒼梧，蒼梧的意思是「蒼山」，就是蔥嶺。時代變了，在蔥嶺以東因此再不見有西周國，但在早先的西周國的西邊，仍有一個早在〈大荒西經〉中就已出現過的軒轅國，他們也是華夏族移民在蔥嶺以東建立的國家。

二、伊朗化的中國譯名

據成書時間與〈海內西經〉差不多的〈海外西經〉記載，軒轅國在「窮山」的山腳邊，「女子國」的北邊。「窮山」不過是寫作〈海外西經〉的長江流域的楚人對「蔥山」、「蔥嶺」的不同譯寫。在軒轅國南面的女子國，是印度史詩中有點名氣的蘇伐剌拏瞿呾羅國，那裡是西北印度史瓦特河流域的產金國，玄奘在《大唐西域記》中也提到過。根據地理位置判斷，軒轅國只能是在新疆西南部蔥嶺東西交通要道所在的塔什庫爾干。在前 4 世紀，這處周圍廣達 2,000 里的地方確實是華夏民族在新疆建立的最西的一個前哨了。

〈海外西經〉指稱軒轅國，「其不壽者八百歲」，這句話的意思是說軒轅國立國至少有 800 年了。從前 4 世紀上溯 800 年，正好和前 12 世紀季綽率領一批人馬西遷的時間符合。軒轅國本是黃帝的氏族，黃帝據說也姓姬，和周的宗室同姓。總之，黃河中游姬姓家族的後裔也有在南疆的窮山之際建國的，他們的歷史也不比西周國晚多少。軒轅國的居民在那裡憑著一座天然的軒轅之丘作為北面的屏障，阻擋著北方游牧民族的侵擾，過著平靜的農牧生活。他們崇拜的圖騰（族徽）是「人面蛇身，尾交首上」，證實他們來自黃河中上游的華夏族世居之地。軒轅之丘的遺跡在塔什庫爾干以北十多公里的一座石方堡，當地塔吉克人把它叫作公主堡，傳說是古時候一位中國公主在這裡立國時留下的遺跡。赴印求法的高僧玄奘在 643 年歸國時到過塔什庫爾干，拜見了當地的揭盤陀國國王。國王自稱是漢日天種，是華夏族與信仰日神密特拉的伊朗語民族混血兒的後裔。玄奘在《大唐西域記》卷十二中記錄揭盤陀的開國傳說，說當年波斯國王從中國娶了一位公主，歸國時經過這裡，遇上兵亂，東西交通斷絕，便把公主留在一座孤立的山峰上，派人守衛。每天中午，有一丈夫從日輪中乘馬下來相會。三個月後，戰亂平息，波斯國王派人迎接公主回國，不料公主已經懷孕。臣僚們大為困惑，不得已就在石峰上建立宮城，將公主立為女王。公主後來生下一子，才華出眾，威服周圍各國。由於他的母親是「漢土之人」，父為「天日之種」，因此公主之子自稱「天日之種」。據玄奘觀察，這地方王族的面貌和中國一樣，也戴首飾方冠，只是穿的是胡服，和當地人一般無二，全是由於他們是中國公主的後裔。史書中也同樣認為，新疆境內，只有于闐一地的人「貌不甚胡」。不難明白，之所以如此，全因 3,000 年前這裡已經有了大批內地的移民。塔什庫爾干的建國傳說，無非顯示當地開國時已信奉波斯日神，這種文化影響大約可以上推到波斯阿赫

美尼德王朝的大流士一世時期，當時波斯帝國的領土西起希臘半島，東抵錫爾河，東南到達印度河，北面瀕臨黑海，亞洲西部和歐洲之間的交通線全在帝國的控制之下。波斯帝國首先叩響了中華帝國的大門，蔥嶺地區不再是東西交通的阻礙，反而成了兩個大國共同的門扉了。

塔什庫爾干公主堡遺跡

　　居住在中國西部邊疆以外的伊朗語系民族，在 2,500 多年前與吐蘭地區和西域（中國新疆）境內各民族就有來往。前 5 世紀在費爾瓦丁神的頌辭中有了 Cini 這樣的國家，以後古波斯語中稱呼中國用 Činistan，Činastān。Cini 正是很早移居到新疆南部和田、皮山、葉爾羌、塔什庫爾干的周朝宗室的自稱，玄奘按音譯叫「支那」，意譯是「漢」，指中國人的居住區。他們是姬姓的後代，也可以說是周人的後裔，而且在陝西方言中「周」跟「姬」的音讀很相近，也就是「周」國或「姬」國的對音。法國學者鮑蒂埃（M. Pauthier）、伯希和（Paul Pelliot）認為這是「秦」的對音，以為在秦始皇統一六國前，西域（包括新疆和其西鄰國家）人就以

秦人稱呼中原人了，可是對照蔥嶺東部地區周人移民的歷史發展便完全說不通了，因為這個自季綽以來由赤烏氏、西周國、軒轅國（黃帝軒轅氏也是姬姓）展開的系統跟涇水流域的秦人毫無關係，他們是前 12 世紀以來周人的後代。秦人非子是周孝王的牧馬官，受封在秦邑，是前 9 世紀的事，比周人立國要晚三個世紀。前 3 世紀形成的印度史詩《摩訶婆羅多》第二部〈大會篇〉中有這個 Cīnas 的國家，位置在波地婆以西，吐火羅、達羅陀以東。吐火羅以大雪山北的昆都士為活動的中心，吐火羅以東的達羅陀，玄奘《大唐西域記》譯作達麗羅，是由塔什庫爾干到喀什米爾的必經之地，因此 Cīnas 一定是在中國新疆境內的皮山、莎車到塔什庫爾干一帶。漢代由皮山通往喀什米爾的一條大道正好在這裡通過，這一記事同樣符合揭盤陀的開國傳說。

費爾杜西《帝王紀》中有一則吐蘭國王的女兒下嫁波斯王子肖伍希的紀錄。據說在居魯士登位以前，吐蘭國王將「姬國」與和田作為陪奩封給了肖伍希夫婦，他們從此居住在和田東北的宮城裡，過著安逸的生活。這則故事比揭盤陀的開國傳說又進了一步，把和田弄成了波斯王子的封邑，但由此可以知道，「姬國」在和田國鄰近地區，當時和田國都在于闐，所以「姬國」也就是墨玉、皮山、葉城一帶，軒轅國當然還在它們的西邊。但是對波斯人或印度人來說，這地方已經夠遠，所以弄不清有和田、姬國、軒轅國之分了。由於這裡的居民多數不是他們東邊的月支人或羌人，又與他們西邊和北邊的吐火羅人有別，於是波斯人將這一地區統統歸入了 Čini，Čīna，Cīnas 的範圍。在前 3 世紀以前，這一地區通行的語言是東伊朗語。經過馬其頓的亞歷山大東征以後，塞人大舉南遷，形勢變化，後來才流行西北印度方言，成為一種和田－塞語。

■第五節
《山海經》中的美索不達米亞

一、《山海經》中的西亞地理

當東亞處於商周時代的青銅文化盛期時，亞洲西部的文明中心卻正在進行一場由騎馬文化和使用鐵器的游牧民席捲這一地區掀起的大變革。這一次變革的浪潮由此向西波及地中海地區，向東逐漸波及黃河流域的東亞地區。東亞和西亞在新的機遇中擴大了彼此的地理知識和人文視野。前 7 世紀在歐亞草原上發動的民族大遷徙更進一步加速了在全亞洲範圍內展開的文化資訊的脈動。《山海經》這一部比之希羅多德的《歷史》更早一些的典籍便是這一時代的產物。

現在傳承下來的《山海經》是一部經劉向、劉歆父子在前 1 世紀最後編定的集子，由十八篇山川地理集成。根據書中內容和編纂時代的不同，可以分成年代最古的〈大荒經〉四篇和〈海內經〉一篇（西元前 6 世紀中葉以後完成），年代稍晚，在前 4 世紀後半葉寫作的〈海內經〉四篇和〈海外經〉四篇，以及於前 3 世紀下半葉秦始皇統一全國前後才成書的〈五藏山經〉五篇 [012]。

〈大荒經〉四篇和獨立成篇的〈海內經〉出於齊人的手筆。〈大荒經〉至遲在前 6 世紀末就已經寫成，和〈大荒經〉相配的〈海內經〉一篇成書約略比〈大荒經〉早些，可能在前 600 年左右。書中最早用四海的觀念界定華夏國家，分成東海、南海、西海、北海四個海區，華夏從黃河流域拓展到長江流域的楚、越，是春秋中期才形成的觀念。〈海內經〉一篇涉及

---

[012] 沈福偉：〈說《山海經》是中國第一部地理志結集〉，《周秦漢唐文化研究》第 2 輯，三秦出版社 2003 年版。

的地理範圍比〈大荒經〉各篇要小得多，但已描述了東到朝鮮半島和日本列島，西至甘肅東部鳥山（鳥鼠山），西南到巴國，北面抵達河北北部和內蒙古的幽都之山（陰山）、釘靈（丁零）之國，是個以齊人和東周王朝為中心的海內世界。〈大荒經〉敘述的世界，已在以宗周（洛陽）為主體，距離在 3,000 里以外的「荒」野。按照當時五服的觀念，每 500 里算一個等級，2,000 里以內屬於甸服、侯服、賓服；南方的蠻族屬要服，也和宗周同樣屬於農耕文化；西北的戎狄屬於游牧文化，因此列入荒服之外。〈大荒西經〉在壽麻國之後最早記述了靈山十巫的故事，可算是最早傳到中國的佛教資訊。靈山在印度摩揭陀國國都王舍城東北，今天的比哈爾邦西南，是佛陀在靈鷲峰講經的地方。佛陀左右有十大弟子，於是出現了靈山十巫的說法。十巫的「巫」，也就是楚人最早翻譯的「佛」（Buddha），這個名詞比佛教北傳新疆，被吐火羅人和波斯人譯作「佛」還要早得多。因此可以斷定〈大荒經〉在佛陀（西元前 623 － 前 543 年）在世時業已成書，「巫」是最早譯成中文的「佛」。

　　〈大荒西經〉描述的最遠的地理在美索不達米亞的沃民國。沃民國被描述成一處物產富饒，民眾豐衣足食、歌舞昇平的樂土，是遠離中國的另一個文明大國。這個地方在比〈大荒經〉晚了一個多世紀的〈海外經〉四篇中有了確切的地理位置。〈海外經〉四篇是由中國南方的楚人執筆的書，它從西南方轉向東南方展開它的地理記述，將〈海外南經〉排在最前面；然後列出〈海外西經〉，自西南方轉向西北方；再是〈海外北經〉，由西北方轉向東北方；最後才是〈海外東經〉，從東南方轉向東北方。〈海外經〉各篇經文有相當的篇幅是對〈大荒經〉的注釋和拓展，可貴之處在於根據當時實際知識作了補充和整理，因此〈海外經〉儘管比〈大荒經〉、〈海內經〉都要晚出，但是敘述的地域範圍最為廣闊，四篇經文已將東起

西太平洋，南至中南半島，西抵兩河流域，北到大戈壁和貝加爾湖的亞洲網羅在內，是一篇名副其實的亞洲地理志。

〈海外西經〉第一次對西亞地理作了描述。〈大荒西經〉中將美索不達米亞稱作「沃之野」，是一大片肥沃土地。〈海外西經〉對沃之野加以定位，稱作「諸夭之野」，通作「諸沃之野」，這裡就是美索不達米亞南部的蘇美。從那裡往北是龍魚陵居，其實是那座建造在由夯土壘成的坡基上的古代世界中最華麗最有名的巴比倫城。在龍魚陵居的北邊，就是白氏國，即中國文獻中最早記載的波斯國。波斯人在前 7 世紀由北方南下，進入伊朗北部。居魯士二世（Cyrus II）登位後，創建了阿赫美尼德王朝的波斯帝國，以帕薩爾加德（Pasargadae）作為國都，後來更攻占巴比倫，征服利底亞。在他前 529 年去世前，帝國已將東疆拓展到印度河流域，設置了帝國的第 20 個行省。這樣就使建立在塔什庫爾干的軒轅國能夠和遠在中國雲貴高原以東的楚國建立文化與貿易的連繫。現在通行的《山海經》版本將「白氏」改作「白民」，是完全沒有依據的。這些地方圍繞著幼發拉底河、底格里斯河和伊朗高原，在居魯士二世時代已經併入了波斯帝國。

按照〈海外西經〉，在白氏國的北面是肅慎國，那裡有雒（洛）棠樹，逢上好年頭會長出木皮來供人做衣服。在肅慎的北面是長股國。〈大荒北經〉只說大荒中有一座不鹹山，那裡有肅慎氏之國，有一種長著四個翅膀的飛蛭。這個肅慎民族早先居住在河套以北地區，後一直在向西遊移，曾被周武王稱作他的北鄰，並向周武王、成王、康王屢次進貢。據《逸周書・王會》，東北地區的肅慎，應稱「稷慎」，是個處在原始社會的漁獵民族，或者是東遷的肅慎民族的支系[013]。與這個「稷慎」不同，生活在裏海邊的肅慎是騎馬民族斯基泰（Skyth，Scythia，或譯「西敘亞」），

---

[013]　詳見沈福偉：《中國與歐洲文明》，山西教育出版社 2019 年版，第 38 － 41 頁。

他們得名於一位賦有天資的國王 Scolotoi。這些人一邊放牧，一邊追逐黃金，到處奔波，是活躍在歐亞草原上的大商販。他們的商業活動連結了西起黑海、裏海，東至天山、崑崙山地區許多講東伊朗語的牧民，波斯人對他們統統以塞伽（Saca）人相稱。那個地方出產棉花，雜棠樹是亞洲棉的一種叫法。用棉花可以織成禦寒的棉布。後來不明真相的歐洲人根據傳聞編撰了地生羊的故事，以為白花花的棉花是從地下長出來的白羊。因為歐洲人早先認為，只有羊毛才是做衣服最好的原料。出現在中國一些古書中的渠廋，應該是這個肅慎民族的另一種譯音。所以在《山海經》中，相當於波斯帝國建立的前後，遠在東亞的中國，無論是北方的齊國還是南方的楚國，都或先或後地感知到了在萬里以外美索不達米亞的西亞文明中心。

二、巴比倫城和懸圃傳說

那些曾經到過新巴比倫王國偉大都城巴比倫城的遠方來客，將這座城市的輝煌景象傳揚四方。前 3 世紀，這座城市被戰火所毀，化為廢墟，19世紀後半葉才被發掘，人們重新見到修建在幼發拉底河東西兩岸，周長達 11 英里的古城遺址。曾經建造了富麗宮殿、空中花園和巴比倫塔的巴比倫文化也曾傳入中國，但在文獻中卻要晚到在前 2 世紀初的《淮南子・地形訓》裡才留下蹤跡。崑崙山在那時仍是跨越蔥嶺的東西方貿易所必經，在中國人的心目中依然充滿著令人神往的仙國的風韻。《淮南子》描述崑崙山的疏圃中有黃水，喝了能叫人不死。從崑崙之丘再向上走一倍的路，就是涼風之山，登上之後便可不死。從那裡再往上走一倍的路，就到了懸圃，一到那裡便可以使風喚雨，駕馭自然，隨心所欲了。從懸圃再往上去一倍的路，便可登天。上天是太帝所居，一到那裡，人便成了神仙。這些後來為道教所吸收的西方仙化之境的思想，最初其實是來自西亞美索不達米亞的一種地理知識。從疏圃到懸圃，以向上登山的方式表現出來，實則

是對由此越過崑崙山向西直至伊朗高原的登高路程所作的一種詩意或充滿巫術意味的複述。

有關懸圃的傳說傳遞了來自巴比倫城的資訊。新巴比倫王國在那波帕拉薩爾（西元前 625 －前 605 年在位）和尼布甲尼撒二世（Nebuchadnez-zar II）（西元前 602 －前 562 年在位）時進行了工程浩大的建設。城牆是建有許多城樓的雙層建築，每座城門以巴比倫人崇奉的神祇命名。經過發掘的雙層城堡有一座美輪美奐的伊絲塔門，呈獻給母神伊絲塔（Ishtar）。城內宮室鄰接，庭院、長廊曲折迂迴，有許多仿效亞述古都尼尼微的辛那赫里布（Sennacherib）的套房。城內高地上有三座供尼布甲尼撒居住的宮殿，其中一座有五個宮。宮殿東北角有空中花園，因構築巧妙被列入古代世界七大奇蹟之一。

尼布甲尼撒二世為取悅他從米提亞娶來的新王妃阿米蒂斯（Amytis），在衛城的東北隅修築了一座別具一格的花園，好為這位來自山國的王妃消除懷戀家鄉風光的愁悶。據前 1 世紀希臘的狄奧朵拉斯和史特拉波（Strabo）描述，整個花園呈方形，每邊長 120 公尺，上面修築了多層陽臺式的建築，每層陽臺由磚柱支撐，最高的一層柱子竟達 23 公尺。各層柱子交叉建造，互不遮擋。上面覆蓋巨大的石塊，鋪上蘆草和瀝青，再鋪兩層熟磚，覆以鉛板，鋪上泥土，好種植大樹，又不滲漏水分。設計師更巧妙地建造了一根空心柱子，從底層直通頂部，柱中裝有唧筒，可以抽吸幼發拉底河的河水灌溉花園。花園一經建成便名揚四方。巴比倫城的宮室都用彩色琉璃磚瓦裝飾，一派富麗堂皇的豪華氣勢。宮殿內壁和衛城大門（伊絲塔大門）的牆面也都用彩色琉璃磚砌成，上有獅子、公牛和蛟龍等象徵神靈的動物浮雕。獅子代表阿達德神（Adad），蛟龍是巴比倫城主神馬爾杜克神（Marduk）的象徵。

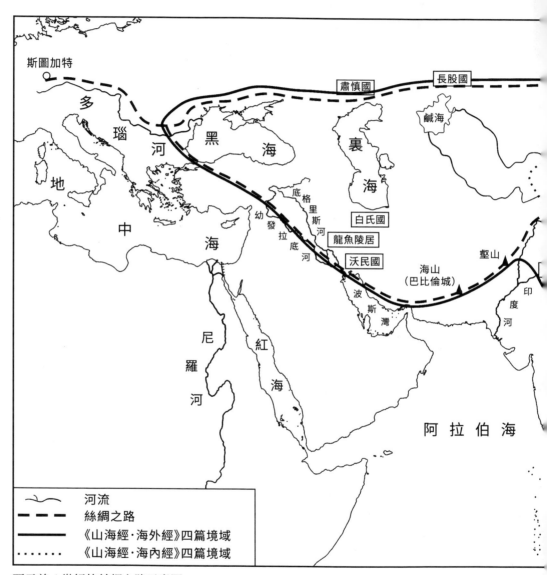

西元前 4 世紀的絲綢之路示意圖

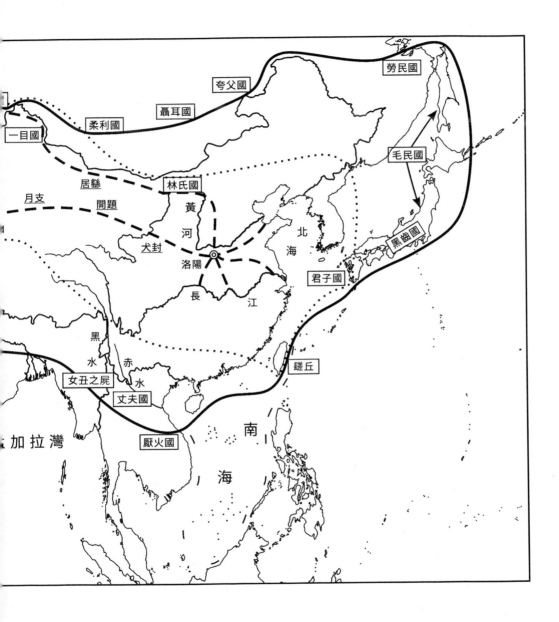

　　巴比倫城中的五十座神廟蔚為壯觀，在人們心中具有通神的威力。城中心的馬爾杜克神廟，殿堂星羅棋布，天井中有一座高聳入雲的巴比倫塔，坐落在 91 公尺見方的壇座上。這壇座被稱作「恩蒂梅那基」，意思是「天堂和人類神廟的起點」。壇座用三層石梯建造了高達 90 公尺的六層大塔。塔頂用藍色琉璃磚修築了一座神壇，在陽光下顯得光怪陸離，十分神奇，被巴比倫人視作通向天國的聖地。

　　巴比倫城宏偉神奇的建築群，特別是空中花園和巴比倫塔，在黃河流域的居民中衍生而為通往懸圃和帝座的傳說。巴比倫文化的成就，在異方遠國之人看來早已超出了這座古城建築物的實用價值，而賦予人們的精神世界以一種超越現世的神聖與精妙的感覺。因而建築物雖在後世的戰爭中蕩然無存，但人們寄託其中的那種對永久享受美好生活的期望卻久久未能消失，以一種宗教的感染力在幾百年後的西漢時代還被傳誦不已。流傳在黃渭平原上的懸圃傳說並非仿效巴比倫傳說中的仙山 [014]，巴比倫的仙山是亞美尼亞高原的亞拉拉特山，它和崑崙山相去何啻天壤。

三、沃民國和求仙思想的東漸

　　春秋時代，北方游牧民族不斷遷徙，分布在天山以南的吐火羅人是崑崙山脈東西商貨的傳遞者。中國和伊朗之間的各種資訊透過他們而互動。季綽西封蔥嶺，季夏流亡中印邊境，在中國和伊朗語系各族中都留下了最古老的傳說。

　　中國移民建立的西周之國是古公亶父所封並由季綽統領的華夏國家，在疏勒附近。軒轅之國的所在，在比《山海經‧大荒經》晚出的〈海外西經〉中說得很具體：「軒轅之國在窮山（蔥嶺）之際，其不壽者八百歲。

---

[014]　蘇雪林：《崑崙之謎》，1945 年發表。

在女子國（蘇伐剌拏瞿呾羅）北。人面蛇身，尾交首上。窮山在其北，不敢西射，畏軒轅之丘。在軒轅國北。其丘方，四蛇相繞。」

〈海外西經〉沒有西周之國，但對軒轅國的方位考察周詳，說它位於窮山之側，女子國之北。在它的北面還有一座足以抵禦附近操持弓箭的游牧民的土堡——軒轅之丘。這就明確了帕米爾高原東側的華夏族居地在塔什庫爾干。塔什庫爾干位於慕士塔格山嶺西南，城北有葉爾羌河東流。作為一處聚居地，正當江、山之南，屬一片可供農耕的平地。這裡就是2世紀希臘地理學家托勒密《地理志》中記載的中西交通大道必經的石塔。現在塔什庫爾干以北十多公里有石方堡，大約相當於古時的軒轅之丘。塔什庫爾干以南，習稱塞勒庫勒（Sarikul）平原，向南延伸到明鐵蓋山口西南喀什米爾邊境的坎巨提。〈海外西經〉中軒轅之國所在的窮山正是《穆天子傳》中的春山。《穆天子傳》中穆王到過的崑崙之丘實是《山海經》中的軒轅之丘。軒轅國以南的女子國，十分明白，正是印度史詩《摩訶婆羅多》中的女國（Strirajya），即《新唐書》中位於拉達克以東，出產黃金的蘇伐剌拏瞿呾羅。「人面蛇身，尾交首上」是軒轅國的族徽。新疆境內中古墓葬中出土許多伏羲、女媧以蛇身交尾圖像，此風大約由來已久，反映了西遷的華夏族對祖先的崇拜和尋根意識。

中華文明在前6世紀植根軒轅之國，和伊朗語系各族雜處，在東海之濱的華夏文明和西方文明古國間構築了通渠，開闢了坦途。由此西去，便登上帕米爾高原通往阿富汗的瓦罕山谷之路；由此而南，出明鐵蓋山口，可進入喀什米爾的罕薩河谷，指向印度。然而軒轅國並非當初中國人所知的最西之處。《山海經‧大荒西經》著意刻劃的是一個叫沃民國的地方：

西有王母之山、壑山、海山。有沃民之國，沃民是處。沃之野，鳳鳥之卵是食，甘露是飲。凡其所欲，其味盡存。爰有甘華、璇瑰、甘柤、瑤

碧、白木、白柳、視肉、琅玕、白丹、青丹，多銀鐵。鸞鳥自歌，鳳鳥自
舞，爰有百獸，相群是處，是謂沃之野。

　　西王母之山在祁連山西。鏨山在〈大荒西經〉中另有敘述：「有巫山
者。有鏨山者。有金門之山，有人名曰黃姫之屍。」和西王母之山連稱的
鏨山，當不是和巫山連稱的系列山脈中同名的一山。而海山在《山海經》
中則僅此一見。

馬爾杜克神和蛟龍西魯什

（巴比倫印章）

〈海外西經〉將沃民國稱作諸沃之野，排在有四蛇相繞的軒轅之丘的西北。經文說：

　　諸沃之野，鸞鳥自歌，鳳鳥自舞。皇卵，民食之；甘露，民飲之，所欲自從也。百獸相與群居。在四蛇北。其人兩手操卵食之，兩鳥居前導之。

　　沃民國在西王母山往西很遠的地方，中間要穿越興都庫什和庫赫魯德兩大山脈，一直通向美索不達米亞的沃野。當地居民食用的鳳鳥卵是鴕鳥蛋，很容易使人想起漢代大書特書的安息大鳥卵。沃民國人飲用的甘露是各種含有甘露蜜醇可充當飲料的植物，含有天賜飲食的意思。地中海東岸的甘露樹（Fraxinus ornus）於波斯人已有幸與聞。後代中國文獻對伊朗甘露也有稱述，明代稱作達郎古賓（tarangubin）便從波斯語音譯。

　　沃民國盛產甘華、甘柤。在帕拉維語古經《創世紀》中列舉的香花經人工栽培的有玫瑰、水仙、茉莉、野薔薇、鬱金香、柯羅辛、露兒樹、牛眼菊、番紅花、毛茛、紫羅蘭等；甘果（mivak）有棗、桃金娘、葡萄、榲桲、蘋果、香櫞、石榴、桃、無花果、胡桃、杏仁；畜牧產品有視肉（肉類）、三騅（良種馬）；奇石有璇瑰（紅肉髓）、瑤碧（青金石、綠松石）、琅玕（綠柱石），以及白柳、白木、白丹、青丹。

　　沃民國的一個特徵是「其人兩手操卵食之，兩鳥居前導之」。鳥形人和大鳥的圖像是烏拉爾圖和亞述的民族標記，在前 8 世紀即已出現。刻有烏拉爾圖楔形文字的碑銘上早有這類圖像。前 650 年的鳥形有翼人也見於尼姆羅特遺址。大約在前 6 世紀，見於古老的《山海經・海內經》，已有鳥民國，是個「有人焉鳥首」的地方，位於中國西部，是塞人的一支。就塞人藝術來說，在新疆的阿勒泰鹿石、鞏乃斯河谷早有波斯式樣的對獸銅

環、承獸銅盤出土。天山阿拉溝出土承獸銅盤上的野獸具有雙翼，同樣富有西亞色彩，此種器件早在前 6 世紀立國的阿赫美尼德王朝就已流行。烏民國可能是中國對新疆西部以翼獸藝術為代表的塞人的一種早期稱謂。這個氏族的徽記和亞述有共同之處。後來人首鳥身的圖像又出現在漢代。西漢昭、宣之間（西元前 86－前 49 年）的洛陽卜千秋墓，墓門內上額壁畫就是人首鳥身像，象徵著死者靈魂的超升 [015]。江蘇沛縣棲山墓中出土東漢初期畫像石，在西王母旁更有鳥首人身、人首蛇身、人首馬身的圖像，明顯受到美索不達米亞精靈崇拜圖像藝術的啟示，所傳遞的是一種來自西亞的新文化。

　　亞述藝術中的神靈在新巴比倫雕刻中轉成人和動物複合圖像的側面浮雕，後來經過波斯人的傳遞進入中國北方。西元前 612 年，迦勒底人聯合米提亞人推翻了統治當地的亞述帝國，重建巴比倫，開創新巴比倫文化。亞述藝術中人首有翼獸的神祕精靈也成了祈求仙化的迦勒底人的文化財富，接著又被新興的波斯帝國所接受。之後波斯帝國和馬其頓帝國先後向東方擴展，在歐亞大陸的草原民族中引起振波，推動著這種藝術逐漸進入中國。

　　帶翼人像最早出現在蘇美藝術中。在尼姆魯德的亞述王那西爾帕二世（Ashurnasirpal II）（西元前 883－前 859 年在位）王宮門前便有伸展四翼（二翼向上，二翼向下）的神人浮雕，後來在波斯阿赫美尼德王朝的居魯士在帕薩爾加德興建的宮廷牆壁浮雕殘垣上再度出現。生有上下伸展的四翼人像，頭戴仙冠，四翼形象幾乎與亞述王宮門前浮雕如出一轍。漢代重現在黃河中下游的這類翼獸和人獸複合圖像一定有一個較早的起源，可能早在前 6 世紀末的春秋晚期便已在盛產絲綢的東方大國齊國落腳。作為這

---

[015]　洛陽博物館：〈洛陽西漢卜千秋墓壁畫墓發掘簡報〉，《文物》1977 年第 6 期。

種藝術傳導媒介的則是介於齊、晉之間，在戰國時期與齊、趙相鄰的中山國。在河北省西部太行山區立國的鮮虞，前 492 年改名中山，是來自套內的白狄所立。坐落在河北平山縣的中山王陵曾出土錯銀有翼銅神獸二，錯金銀神獸二，以及錯金銀背馱獸面單鎣犀等動物鑄件 [016]，是這種由西而東傳遞的翼獸藝術在亞洲東部的餘波。所謂神獸，就是西亞所產的獅。這種藝術所表露的神靈思想的來源便是當時被黃河下游的中國人視作西極的美索不達米亞。

　　求仙思想不但表現在對帶翼神靈的崇拜上，而且更在於對長生不死和永保青春的藥物的追求。中國神話有善射英雄后羿向西王母請不死之藥的故事，把追求長生的靈丹妙藥的來源指向西方的神祕之國。巴比倫史詩《吉爾伽美什》中也有一個故事，敘述神奇的統治者吉爾伽美什有一次遇到神牛，把牠殺了，於是激怒了掌管動、植物和人類繁殖的眾神之母伊絲塔，伊絲塔要他將功贖罪。吉爾伽美什便出發去尋求不死之藥。他渡過了死水，將得到的一種可以恢復青春的藥草獻給了伊絲塔。另一部巴比倫傳說《埃塔納》講述牧民埃塔納因羊群患不孕症，而跨上大鷹，藉鷹翼之力飛向上天去摘取生育的藥草，以便重返地面。柏林博物館收藏的西元前 2500 －前 2000 年的阿卡德圓柱形石章的畫面便反映了這一故事。這一傳說和藝術圖像可能流傳東方。1974 － 1975 年發掘的秦都一號宮殿遺址，出土獸身人騎大鳥畫像磚，大鳥銜圓珠作奔跑之勢，形狀亦與鴕鳥相類。長生與不老，是自遠古以來人類所追求的永恆的主題。在巴比倫時代，美索不達米亞人尚不知東方有中國，中國人卻早已向西方世界尋求財富和可以永遠享受的幸福，以拓展自身的知識領域。對不死之藥的追求，從一個

---

[016]　河北省文物管理處：〈河北省平山縣戰國時期中山國墓葬發掘簡報〉，《文物》1979 年第 1 期；
　　　　《河北省出土文物選集》，文物出版社 1980 年版，圖 181。

側面反映出中國和亞洲西部的關係在精神生活領域占到如何重要的地位。

　　漢代編成的《神農本草經》將許多藥物說成具有「久服輕身不老」、「久服通神明」，甚至「神仙不死」的功效。煉丹術士從春秋、戰國之際已在探索和天之四時、地之四極、人之四肢相應的藥之四神，這藥之四神就是「白金（銀）、朱砂、黑鉛、水銀」（《道樞・參同契上篇》）。春秋時代以來，中國在煉鐵、煉銀技術上大有進展，也知道西方的沃民國多銀、鐵。此時中國正步入鐵器時代，由煉銅而獲得的煉鉛、煉銀知識也在與日俱增。煉銀與煉鉛相關。鉛的熔化溫度僅327℃，而熔煉孔雀石、藍銅礦和黃銅礦這三種常見的銅礦物所需的溫度是 1,200℃左右，因此有人認為人類煉鉛早於煉銅。鉛礦中常雜有含銀礦物，由煉鉛而得知煉銀是很自然的事。《管子・地數》篇對找銀礦的知識已有總結，說是「上有鉛者，其下有銀」。前 6 世紀的中國對煉銀已有相當的經驗，其知識來源雖很難直接說是巴比倫或古波斯，但一定與西亞有關。

　　丹經中認為藥之四神各有四像，鉛居北方壬癸之水位，為玄武，屬陰；鉛中有銀，是陰中見陽，銀居西方庚辛金位，為白虎，屬陽。《大丹記》因此說：「銀從鉛中出，離北方母胎，歸西方庚辛金，兌卦，謂之白虎也。」根據鉛的化學變化，從「一變而化胡粉」可推測最早來自西亞的「胡粉」是一種含銀鉛粉。由此約略可知，中國早期的鉛銀冶煉實與西亞古文明有過連繫。

春秋高柄小方壺（鴕鳥紋）

　　中國人的求仙思想不但表現在對來自西方的靈丹妙藥的追求，而且也表現在常以一種仙鳥的紋飾作為裝飾手法。春秋晚期在北方青銅紋飾中大量出現的鳥獸圖像，有一種值得注意的鴕鳥紋，更為中國北方和美索不達米亞的經濟往來提供了例證。1987 年太原金勝村發現春秋時代車馬坑大墓，按所出器物推測，墓主為卿、上大夫級，可能是死於西元前 475 年的趙鞅（簡子）的墓葬。墓中出土的文物有鼎、豆、壺、盤、匜等禮器多件，造型優美，製作精巧。其中兩件高柄小方壺，形制、紋飾尤其別緻，上有盝頂形蓋，壺身溜肩、瘦腹、平底，有上粗下細的長柄，下接喇叭形圈足。蓋頂方塊內有二虺龍，自頸至底遍飾菱形交接圖紋。柄部圖像，《發掘簡報》以為自上而下飾有三層鳥、鳳紋。說者以為是戰國中、晚期才出現的鶴紋 [017]，與輝縣琉璃閣、萬榮廟前村出土器物紋飾相似。這層圖像其實是十分逼真的鴕鳥歌舞圖，顯示老、中、少三代鴕鳥歡欣之像。上層鴕鳥引頸高鳴，項下有捲毛，尾部高揚，如馬尾；中層鴕鳥，身體較瘦，項下無毛，尾部細尖而上揚，與上層圖像作反向行走狀；下層鴕鳥兩兩相對，伏地鳴叫，形體幼小。這一紋飾或者就是《山海經·大荒西經》中代表祥瑞的五采鳥，「有五采鳥三名：一曰皇鳥，一曰鸞鳥，一曰鳳鳥」。鸞鳥，實即鴕鳥最古的稱謂。

　　這類圖像與北方早先在商、周時期已經出現的以鷹隼或錦雞為寫實特徵的玄鳥圖像毫無共同之處，與南方鳳鳥亦無類似的地方。至於鶴紋，則以喙長、尾墜為特徵，與高柄小方壺上的鳥紋大相徑庭。高足方壺上的圖形與埃及薩卡拉出土的西元前 2000 年浮雕上的灰鶴也不相類。埃及古代灰鶴嘴部長而尖，尾部豐滿而下墜，圖像應屬自成一系，別有來源。參照同墓出土的傳自域外的蜻蜓眼穿孔料球，和鳥蓋瓠壺、虎扣鷹帶鋬戈，以

---

[017]　渠川福：〈太原金勝村大墓年代的推定〉，《文物》1989 年第 9 期。

及鳥尊中大約出自北方狄（翟）族的十分細密的羽狀紋飾，鴕鳥紋顯示了比之中國北方動物紋更為確切的西亞因素。

鴕鳥在《史記》、《漢書》中被稱為大鳥、馬爵、大雀，其譯名來自古波斯。馬爵的「馬」一詞雙關，在波斯語中是「大」。「馬爵」一詞在波斯語中是「大鳥」。早期譯「雀」，是因形似。3 世紀末，郭義恭《廣志》已譯作鴕鳥：「安息國貢大雀，雁身駝蹄，蒼色，舉頭高七八尺，張翅丈餘，食大麥，其卵如甕，其名鴕鳥。」（《本草綱目》卷四十九引）直到 12 世紀，《嶺外代答》才譯作「駱駝鶴」，明代又稱「鴕雞」。後世譯名無論以鶴還是以雞相稱，都雜有「駝」字，概出自波斯語 ushturmurgh 中的 tur，或阿拉伯語 tier al-djamal 中的 tier，意思都是鴕鳥。

在巴比倫流行的圓柱形石印章中，有許多狩獵題材的浮雕，其中新巴比倫王國時期「逃避獵人的鴕鳥」印，形象逼真。畫面中，一隻展翅聳尾快步奔跑的鴕鳥正在回首窺視身後的獵人，前方約小一半的圖像是另一隻奔跑的鴕鳥，形象與正面圖像相仿。太原金勝村墓高足小方壺上的鳥紋，是一種以粗線條簡化的同類圖像，其來源一定是巴比倫的浮雕鴕鳥。傳播的工具則是易於傳遞的石質印章。

曾在亞洲東部和伊朗之間廣闊草原上流行的鷹頭獸動物紋飾和藝術圖像，是斯基泰民族的傳統藝術。進入長城一帶以後，鷹頭獸失去了原來的圖騰意義，受到中原文化的擠壓，未能發育成熟，在青銅器上一變而成鳥類圖像與器身、器蓋上的野獸圖像分別鑄造的複合體。太原金勝村春秋末期墓與平山戰國中期中山王陵出土的青銅器，可以算作具有典型意義的實例，它們同樣蘊含著來自伊朗的藝術因素。

第三章
中國和伊朗文化交流（考古篇）

■第一節
漢代以前的伊朗和中國

一、古史中的伊朗北道

　　波斯帝國建立後，將伊朗和鄰近地區歸入西亞文明的範圍之內，大大加速了西亞社會的分化與進步。波斯人屬於印歐語系部族。在人類步入文明社會的初期，使用印歐語言的部族已散居在西起歐羅巴，東抵歐亞草原的廣袤土地上。前 18 世紀，古巴比倫王國的第六任國王漢摩拉比（西元前 1792 －前 1750 年在位）去世後，帝國處於分崩離析的境地，游牧在裏海以東草原上的印歐語系的雅利安人開始了大遷徙。他們結合成兩大集團，東支從錫爾河和阿姆河南下，一部分進入蔥嶺以東地區，另一部分則一直進至五河流域；西支向西和西南方遷徙到裏海以南伊朗高原的周邊地區，成為伊朗人的先祖。他們與西臺人、弗里幾亞人、斯基泰人、亞美尼亞人和希臘人等印歐語系的西支民族同樣屬於印歐語系。隨後在歐亞草原上掀起的游牧民的遷徙浪潮，是由斯基泰人在前 8 世紀展開的。這些剽悍的騎馬民族驅迫著另一群騎馬的牧民辛梅里亞人從裏海東岸向南轉入高加索山區，從而對兩河流域的亞述王國構成新的威脅。

　　西元前 1000 年前後從北方進入伊朗高原的雅利安人分成米提亞人和波斯人兩大族群。他們依靠發達的青銅文明，先後建立了米提亞王國和波斯王國。希羅多德記述米提亞人在伊朗西北部的庫德斯坦立國時，六個部族推選迪奧塞斯（Deioces）（西元前 727 －前 675 年在位）當了國王，選中了埃克巴坦那（今哈馬丹）作國都。後來它的疆域從亞美尼亞山區拓展到南臨波斯灣，西面抵達哈里斯河。前 7 世紀中葉，米提亞一度成為斯基泰的屬地，在前 625 年才重新獨立。前 612 年，米提亞聯合迦勒底攻陷尼

尼微，征服了亞述帝國；前 590 年，吞併了烏爾米耶湖南面的瑪納國，接下來串通南下的斯基泰人，滅了烏拉爾圖，隨即進軍哈里斯河，與利底亞人鏖戰五年，到前 585 年雙方才締結和約。

米提亞人接受了當地的文化遺產，並加以發揚光大。他們吸收了亞述、新巴比倫、伊蘭等農耕民族的工藝和斯基泰藝術，在伊朗西部創造了以獅身人首有翼獸和馬、羊、鹿等動物紋為主題的洛雷斯坦青銅文化，成為一種自前 15 世紀至前 7 世紀由多種風格合成的多元文化。他們又於前 12 世紀至前 11 世紀在裏海南部厄爾布林士山地成就了以黃金工藝著稱的瑪律利克文化。1961 年在 57 座瑪律利克豎穴石室墓中出土了大量金器、銅器和陶器，以及以動物、怪獸、聖樹為紋飾的黃金高足杯和金碗，在工藝上將平面、浮雕和立體的圓雕合成一體，加上線刻的精雕細工，展現了極其完美的製造工藝。另一座吉威耶遺址發現於 1947 年，在庫爾迪斯坦的薩吉茲以東的吉威耶村出土了大批黃金、象牙工藝品，是前 9 世紀至前 7 世紀對早先在這一地區的金屬製造工藝的繼承。米提亞人的建築至今仍有殘存的遺跡可見，有火神廟、圓柱大廳、正方形平面單門的小廟。而在希羅多德的記述裡，埃克巴坦那的城牆共有七層，從外往裡，前五層是彩色的，最後二層包銀又披金，華麗程度不在巴比倫城之下。後來米提亞式四方形布局、配有迴廊和穹頂的建築理念被波斯人所繼承。

伊朗南部滋生過伊蘭（Elam）文化的法爾斯（Fars, Pars），原本因中亞移入的波斯人定居在這裡而得名。波斯人是一群養馬的部族，他們曾附屬於米提亞。後來波斯人阿赫美尼德（約西元前 700 －前 650 年在位）統治了十大波斯部族，正式稱王，其後裔先後臣服於亞述和米提亞。再後來岡比西斯一世（Cambyses I）（西元前 590 －前 559 年在位）娶了米提亞國王阿斯提阿格斯（Astyages）（西元前 584 －前 549 年在位）的女兒瑪

達尼（Mandane），生了居魯士二世。居魯士二世在前 558 年登上王位後，利用米提亞和新巴比倫產生的衝突，於前 553 年吞併了米提亞王國，創建了阿赫美尼德王朝的波斯帝國，定都法爾斯的帕薩爾加德。王朝繼承了米提亞的物質文明和制度，把埃克巴坦那作為他的夏都。居魯士的領土拓展到巴比倫和小亞細亞。他尊重各地的民族習俗，繼續保持著各地的多元文化，成為巴比倫宗教領袖歌頌的「馬爾杜克神寵幸的國王」。居魯士隨後在前 545 至前 539 年間征服了中亞的巴克特里亞，控制了瑪爾吉亞那和索格地亞那，在錫爾河畔建立了居魯士城（今烏臘提尤別），勢力到了河中地區。隨後居魯士二世在與中亞的馬薩革泰人的戰爭中死去。他的繼承者岡比西斯二世（Cambyses II）（西元前 529 －前 522 年在位）征服了埃及，領土擴展到歐洲的色雷斯。最後在大流士一世（西元前 521 －前 486 年在位）時，波斯成了一個地跨亞、歐、非三洲的帝國。但長達 43 年的波希戰爭（西元前 492 －前 449 年）卻使波斯帝國耗盡了財力。

　　大流士一世在制定的貝希斯敦銘文中記錄了 26 個行省。大流士將他的國都遷到了法爾斯北面的蘇薩（Susa），從那裡修建了經過裏海西南底格里斯河上游直達小亞細亞西端薩迪斯的驛道，又從巴比倫城修了連接埃克巴坦那、巴克特里亞到犍陀羅的大道。在長達數千公里的廣闊原野上，每隔 25 公里設置驛站，備有馬匹和客棧，方便商旅和政府公事，於是經過阿姆河和它西南的捷詹河、木爾加布河的谷口也連帶著成了商旅必經的大道。《山海經·大荒西經》因此出現了「有大澤之長山。有白氏之國」。語言雖然過分簡約，但也能推知這裡的大澤與長山明顯是指通往白氏國的必經之地。與在中國北方的大澤不同，鄰近白氏國的大澤是伊朗西北部的烏爾米耶湖，與此湖相接的長山無疑是厄爾布林士山脈了。從北邊過來的商旅只有越過這座山脈才能進入伊朗高原。那時的白氏國正是波斯國，無

論是居魯士二世的國都帕薩爾加德，還是大流士一世的國都蘇薩，都建造了莊麗的宮殿、聖火壇和聖火神殿。大流士和他的後繼者還在帕薩爾加德南面營造祭神和舉行盛大典禮的新都波斯波利斯（Persepolis），現在經過發掘，仍可見到昔日的光華，當年薛西斯（Xerxes）在百柱廳上接見外方使節的莊嚴場景似乎歷歷在目。

在〈大荒西經〉中，還記有一個天民之國：「西北海之外，赤水西，有天民之國，食穀，使四鳥。」這裡的西海正是裏海，天民國的位置正好在裏海的那一頭，要到那個地方一定要經過赤水，也就是阿姆河，那個天民國還在它的西邊。天民國的人吃糧食，使用四鳥的徽記，其實是指波斯人信奉的阿胡拉・馬茲達神（Ahura Mazda）。在波斯波利斯遺址中見到的馬茲達神，是左右展開四翼的神像，四鳥的徽記可能就是根據這個形象設計的。這條路指出由阿姆河向西，可以通達裏海西南的農產區大不里斯坦（Tabaristan），「大不里」譯出了「天民國」的「天」；但尤其重要的是，指出了白氏國信奉的天神最初發跡的地方在烏爾米耶湖東南岸的希茲（al-Shiz）。天民國的得名來自這個國家所信奉的天神阿胡拉・馬茲達。這一宗教的創立者是來自希茲的查拉圖斯特拉（西元前 628 －前 551 年，希臘語稱瑣羅亞斯德，Zoroaster），他在前 6 世紀初受到天神阿胡拉・馬茲達的啟示，成為先知，開始傳教，這時還是米提亞王國統治時期。後來這一宗教被大流士一世定作國教，才昌盛起來。天民國也就是米提亞人發跡的地方，也可以指它的國都所在的埃克巴坦那。天民國的稱號，至少在前 553年米提亞王國滅亡以前就已經傳到了東方的齊國，所以在〈大荒西經〉中記下了這個國家。同一部經中還有白氏國，當然是在波斯替代米提亞興起後才有的事。所以這裡講到的無論是天民國還是白氏國，都是對伊朗北道的一種表述。自東而西，經過裏海南岸伊朗北部的主要通途就是這一條大

道了。由這兩條史實，足以進一步確定〈大荒西經〉的寫作至少不會晚於前 500 年，應該在波斯王居魯士二世到大流士一世登位之初便定稿了。

二、古史中的伊朗南道

波斯帝國統治的國土在前 6 世紀末超過 400 萬平方公里，占有了西亞大部分的農耕地區，西南部與阿拉伯半島的閃族游牧部族相鄰，北部與歐亞大草原中的印歐語游牧民族相鄰。在伊朗境內，有南北兩條大道橫越而過，其中的伊朗北道連結了地中海文明和帕米爾高原西側的文明中心，地處黃河和長江的東亞文明多半要仰賴伊朗北道才能和西亞的文明地區建立連繫。在裏海以東，中外商旅既可以透過中亞的河中地區從捷詹河進入伊朗，也可以由塔什庫爾干向西取道瓦罕谷越過帕米爾高原，經巴克特里亞接上伊朗北道。在帕米爾高原以西，人們還可以取道興都庫什山南面的庫納爾河谷地進入迦畢試地區，然後繞過盧特沙漠，穿越庫赫魯德山脈，通過克爾曼，往西到達波斯波利斯和蘇薩。這就是伊朗南道。但這條路有好幾段是崎嶇難行的山間小路，不適合長途運輸。在亞歷山大東征和大批塞人從中亞的河中地區南下以前，這條路一直沒有成為重要的商路。

儘管如此，〈大荒西經〉還是對它作了如實的描述，因為它畢竟是從帕米爾高原通往美索不達米亞南部海陸交通樞紐的一條捷徑。文中說：

> 西有王母之山、壑山、海山。有沃民之國，沃民是處。

對這個要經過三座大山才能通達的沃民國，〈大荒西經〉作了詳細的描述，指出它是個文明國家所在的地方。〈大荒西經〉裡提到了西王母，然而沒有具體記述西王母山在哪裡。倒是在晚出的〈西山經〉中，在敘述「崑崙之丘」之後，出現了西王母山——玉山。郭璞注《山海經》，很自然地由這個王母山所在的「崑崙之丘」聯想到一定還有一處「海外崑崙之虛」，

因此〈大荒西經〉中的西王母山只能是廣義的崑崙山脈。按〈西山經〉推測，西王母山的主峰在崑崙虛以北蔥嶺東側，海拔 7,719 公尺的公格爾山或可相當。所以這條路的起點在塔里木盆地南緣的崑崙山沿線的居住中心。

在崑崙山脈以西的墼山，是興都庫什（Hindu Kush）山脈的另一譯名。Kush 是波斯語中的山，譯成墼山。興都庫什山脈沿帕米爾西向蜿蜒1,200 多公里，貫穿阿富汗全境。翻越興都庫什山，進入伊朗高原，在錫斯坦哈蒙湖上有科・伊・胡瓦賈（Kūh-i-Khwāja）神山。伊朗傳說中光明山落入海中，升起了一個名叫胡瓦賈的神，所以有了海山的說法。在海山以西的諸沃之野，已經在波斯灣最西的頂頭，那就只能是底格里斯河和幼發拉底河之間的美索不達米亞了。

馬其頓的亞歷山大大帝在西元前 334 年侵入亞洲，拉開東征的帷幕。前 331 年，亞歷山大的軍隊穿越敘利亞，攻占了波斯帝國的腹地美索不達米亞，然後揮師北上，占領埃克巴坦那，進逼裏海南岸的赫爾康尼亞。越過帕提亞之後，他並未直取巴克特里亞，而是從阿里亞（Aria）南下，在阿富汗境內自北而南繞了一個大圈子，由德拉吉亞那（Drangiana）沿著赫爾曼德河向東北方轉入阿拉科西亞（Arachosia），然後越過阿姆河，進攻巴克特里亞和粟特地區，後來再南下進攻印度。亞歷山大在亞洲西部的進軍路線，意在從北、中、南三個方向掐住通過蔥嶺往西的商路的咽喉，採取的辦法是先南後中，最後才是北路，實際上正好顯現了當時商貿最盛的地方。正是分別由中亞和巴克特里亞兩個方向集結貨物的伊朗北道才是最繁榮的通途。伊朗南道在那時只能算是處於形成時期，經濟價值有待進一步開發。直到亞歷山大班師，大軍穿越克爾曼西進，同時他的部將尼亞科斯率領船隊在波斯灣中進行自東向西的航行之後，伊朗南道的作用才慢慢地突顯出來。

三、初顯名聲的米提亞衣料

　　自騎馬民族米提亞在伊朗高原建國以後，歐亞大草原的民族勢力開始
有了新的變化，早先在這一地區叱吒風雲的斯基泰民族在裏海南部遇上了
競爭的對手。西元前 1000 年以後，在西亞和南土庫曼地區進入鐵器時代
的同時，歐洲也展開了早期鐵器時代第一期的哈爾施塔特文化。原本使用
青銅器的斯基泰民族也改用了造價低廉、更加輕便和鋒利的鐵器，逐漸茁
壯成長為一個強大的草原民族。

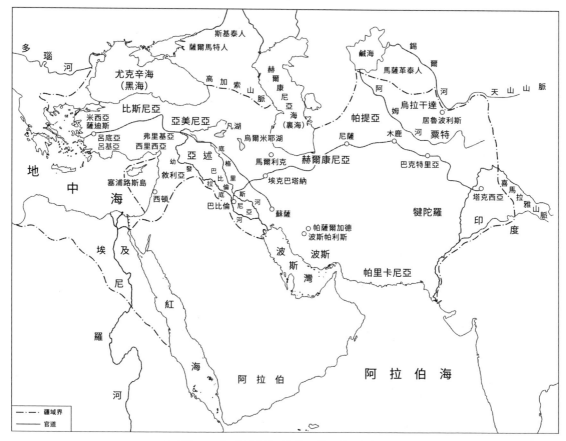

西元前 500 年的波斯阿赫美尼德王朝疆域示意圖

　　斯基泰民族在哈爾施塔特文化和歐亞草原之間充當著騎馬的仲介商，以及武器和黃金飾品等工藝文化的傳遞者的重要角色。丹麥出土的哈爾施塔特時代的雙環形獸角把頭青銅雙刃劍，俄羅斯出土的環狀把頭青銅劍，與中國北方在商代晚期和周代流行的青銅柳葉劍具有相似之處，足以說明他們之間曾經有過工藝和設計思想的溝通。哈爾施塔特文化的這類青銅劍有雙環柄首、半葉形護手，或環形柄首、橢圓護手，都和當地傳統產品不同，明顯受到中國北方流行劍樣式的影響。中國的環狀把頭劍一直通行到漢朝，雙環形柄首青銅劍直到前 3 世紀居住在黑海北岸的薩爾馬提人還在使用。北京昌平區馬池口鎮白浮村出土的西周時代的蕈首（或獸首）鏤孔筒柄短劍，後來出現在俄國米努辛斯克盆地和蘇萊密沃村，成為銎柄式柱脊劍的原型，是經過塔加爾文化第一期（西元前 7 世紀－前 4 世紀）的媒介，後來在西傳期間更進一步成為各類銳利的鐵兵器的原型。斯基泰民族在傳揚中國北方地區的兵器方面產生過重要的作用。

　　斯基泰民族更是古代獨步世界的中國絲絹貿易的有力傳媒。中國馴養和利用家蠶（Bombyx mori）有 6,000 年歷史，那時的婦女已知用桑葉餵蠶，改良蠶的品種，繅絲紡織。家蠶是鱗翅目蠶蛾科（Bombycidae）昆蟲中的一種，牠們吃桑葉，吐細絲，作繭自縛。養蠶的農婦在蠶蛾尚未咬破蠶繭以前，從蠶繭中抽出極細的絲，經過湅製，清除占蠶絲總量 3/10 的絲膠，取出占蠶絲總量 7/10 的絲素，紡紗織帛。這種透明而不溶於水的絲素叫熟絲，沒有清除絲膠的叫生絲。帛是絲織工藝的初級產品，沒有花紋，後世叫絹。現在能見到的這類最早的絲織品，是在新石器時代晚期的遺址中發現的。在黃河流域有河南鄭州青台的遺址中發現的絲絹，屬於西元前 3500 年的產品。1926 年在山西夏縣西陰村仰韶文化遺址發現過半個被切割過的蠶繭（長 15.2 公厘，幅廣 7.1 公厘），後來在山西芮城縣又發

現過陶蠶蛹，足見中國養蠶歷史之久。在長江下游的太湖南岸，1958 年在浙江湖州錢山漾的良渚文化遺址中發掘出絲線一團、絲帶一團、絹一片，除了絹片都已炭化。遺址距今有 5,400 年。絹片斷面顯示三角形已分離，表面絲膠脫落，表明是經熱水處理後才繅取的，絹片的經緯密度達到了每平方公分 48 根。在前 1500 年的商代，有了平紋、斜紋的聯合組織，有了斜紋顯花的綺，用絲帛做衣服已推廣到不少地方。前 1000 年，黃河中下游地區的河南和山東首先織出了高級的彩錦，社會上開始流行用彩色絲線在錦緞上刺繡，高級的絲織品愈來愈多，有綾錦、羅紈和綺、縠，於是人們的穿著越加華美且色彩繽紛。用這類織物裝飾的房屋、生活用品和出行用的車馬儀仗，憑藉它們的光華，使人間變得美輪美奐。中國人創造的這一人間絕技，首先經由成年累月奔馳在草原、綠洲間和穿越叢林的牧民傳到他們所經之地，然後流向歐洲。

　　由草原牧民和神奇的絲線所傳送、散發的文明資訊的振波，現在已經由地下發掘物加以證實，可以一下子從亞洲的東海之濱橫越亞洲，經過中國的新疆和裏海地區，沿著黑海和多瑙河溯流而上，到達德國南部的黑森林。斯基泰人將中國絲絹輸送到黑海沿岸的希臘城邦，於是剛進入鐵器時代的歐洲人很快就用上了中國絲絹。1970 年代在德國西南部巴登－符騰堡州（Baden-Wurttemburg）發掘荷蜜雪兒（HohmicheIe）6 號墓，出土過一批地中海和希臘的器物，判斷是一座前 6 世紀中葉的古墓。墓中還找到了一件當地製作的羊毛衫，羊毛和裝飾圖案中都交織了中國家蠶絲。比這晚幾十年，在前 6 世紀晚期，鄰近司徒加特的霍克道夫－埃伯丁根（Hochdorf-Eberdingen）的一座古墓也出土了絲毛混紡的紡織品。這些發現說明，在那樣遠古的時候人們就已知道絲毛混紡有助於增加羊毛織物的韌性，可以加固織物，更能使原本是粗呢的毛料具備色彩和花紋。

哈密出土棕櫚色條紋毛布長衣

　　絲毛混紡的祕訣是來自西域（中國新疆），還是希臘人的發現，從新疆出土的絲毛混紡織物就可找到答案。新疆哈密五堡鎮出土過 3,200 年前的乾屍，身上裹著精美的毛織物，其中有用色絲織成彩色條紋的絲毛混紡物，可見很早以前中國北方織工已經發明了絲毛混紡技術。絲絹原本比較適合氣候溫暖的南方地區用作衣料，但在寒冷的北方，人們發現用絲毛混紡足以增強毛料的牢度，這樣便更加適宜生活在北方寒冷地區的人穿著。這是絲絹之所以在亞寒帶地區也能像在比較溫暖的地區暢銷的一大奧祕。因此從西原前 1200 年起，絲絹便逐漸成為草原牧民所注目的貿易商品了。600 年以後，從亞洲到歐洲，絲絹之所以會在斯基泰、米提亞和希臘三大民族之間成為走俏的商貨，就是由於這些地方的織工可以利用從中國千里迢迢運去的優質絲線重新織成適合當地需求的產品。

　　蠶絲的另外一項初級產品，是提取蠶繭的短纖維做成的絲絮。絲絮俗稱絲綿，填入夾層內，充作被子或作鋪墊物，其暖和的程度不亞於毛皮，而輕巧、柔和、潔淨程度則遠勝毛皮。同樣的工藝也可用於製作禦寒的衣料，古人稱有夾裡的衣裳叫袷或複，裡面可以加絲絮。古人禦寒多穿裘，

裘是毛皮，往往獸毛翻在外面，所以外面要加一件袖子略短於皮衣的罩衫，講究的要用絲服。《禮記》稱國君有事穿白狐皮服，外面再套一件錦衣。戰士穿的袍服裡面可以加上絲綿，平民用新絲綿裁製的長袍襦。穿在外面長不過膝的短上衣叫襦，是一種綿夾衣。這些服裝都得用絲綿或絲織物。歐亞草原上的騎馬民族最常穿的外衣是比袍短一些而袖口較寬的「左衽之袍」（顏師古注《急就篇》）。漢人的衣服是上衣下裳，穿著「右衽之袍」，游牧民族的服裝是上褶下褲，多穿左衽的短袍，這種短袍叫褶。西原前 5 世紀傳到歐洲，希臘人叫作 amorgiam。希臘喜劇家阿里斯托芬（Aristophanes）在前 411 年寫作的《利西翠妲》中提到了這種服裝，說是用 amorgis 的絹裁製的上衣，稱作 amorgiam，有人以為是指中國的絲織品。但這個名詞很像是從「馬褶」轉譯過去的一種騎馬的裝束，用料可以是毛料，也可以是絲織或麻織品，大概是一種絲織的披風。

西亞和地中海東部地區原本也有會吐絲的蠶蛾，像鱗翅目天蠶蛾科（Saturniidae）中的柞蠶（Antheraea pernyi）、原產印度的蓖麻蠶（Philosamia cynthiaricini），還有枯葉蛾科（Lasiocampidae）中的敘利亞野蠶（Pachypasa otus），用這些野蠶吐的絲也能紡織，但完全是在粗放的狀態中進行的，紡織的絲布也很粗厚，沒有家蠶絲紡織出的絲綢的光澤。希臘人比較熟知的科斯絲綢，在亞里斯多德的《動物志》中有一段說明，據說是愛琴海的科斯島上一位名叫潘菲勒的婦女首先從一種長角的幼蟲變成的繭中抽出絲線，然後紡織，所以這是一種柞蠶絲，不是中國的絲帛。科斯島算得上是希臘世界的蠶絲加工中心了，再加上在它東邊的米提亞，以及遠到中國北方新疆一帶直到黃河中下游的絲絹生產中心，連成了一條從東方到西方可以貫通的絲綢生產和運銷的大動脈。

前 6 世紀，由於斯基泰人對中國絲織品推廣造成傳媒作用，遠到黑

海、地中海世界的廣大地區全被這種由神奇的手藝製作出來的產品劃入了它的運銷圈中，連多瑙河畔的蠻族也都用上了絲毛混紡的新產品，從此在亞寒帶地區，蠶絲和毛料便難分難解了。米提亞的興起，對這種原先由斯基泰人獨占的絲絹貿易是一大挑戰，因此斯基泰人一度征服了米提亞。直到前625年，米提亞才重獲獨立。此後，米提亞也開展了本國的絲絹加工業，前6世紀以後名重一時的米提亞衣料也是中國絲絹在那裡經過加工後的產品。這些產品隨後便在希臘世界流行起來。在前5世紀的雕刻和陶器的彩繪人像中，可以見到希臘人所穿的衣服居然十分細薄，甚至達到了透明的程度。這些雕像有前438－前431年帕德嫩神廟的命運女神、伊瑞克提翁神殿的女像柱（Karyatid）像等一批前5世紀雕刻家的作品，雕像穿著透明的長袍（chiton），袍子質料柔軟，用絲線縫製，所以衣褶典雅，儀態萬方。比這更早一些，屬於前530至前510年用大理石雕刻的雅可波利斯的科萊（Kore）女神像，胸部也披著異常輕薄的細絹，可以看出並非野蠶絲所能織成。在希臘繪畫中，絲質衣料也是十分時尚的題材。在前5世紀雅典成批製作的紅花陶壺上，仕女們常穿著細薄的衣料，用料既非亞麻，也不是野蠶絲。前4世紀中葉出品的狄奧尼索斯（Dionysus）和彭貝陶壺上，兩個青年的絲服顯得光耀奪目，一看就知道這是一種無比華貴的時尚產品，因此十分引人注目。

　　如果雕像和畫作還只能引起人們的注意和推測，那麼地下出土的實物就更有說服力了。20世紀在雅典西北發掘的陶工區的墓葬中，有一座雅典富豪阿爾西比亞斯（Alcibiades）家族的墓葬，從中找到六件絲織品，和一束可以分成三股的絲線。經鑑定，這些絲織品是中國家蠶絲所織，時間在西元前430－前400年之間，相當於中國戰國時代初期，發生在伯羅奔尼薩戰爭（西元前431－前404年）前後，離波斯王大流士一世發動波希戰

爭已有半個世紀之久了。

前 5 世紀正當中國春秋（西元前 770 － 前 476 年）、戰國（西元前 476 － 前 221 年）兩個大變動的時代交替之際，隨著社會需求的大幅成長，絲織業正呈現出突飛猛進的勢頭，產品之多，產量之大，都屬前所未有。上自冠冕、衣裳，下至絲履（鞋子）、裙襪、絲袋與供室內陳設的各種帳幔、褥墊，以及配備車馬使用的鋪墊、旌旗，應有盡有。齊紈、魯縞、衛錦、荊綺，都是名聞東亞的產品。東方的齊國更是絲綢大國，著名的絲綢之路在前 6 世紀從齊都臨淄起始，向北經任丘，轉入山西雁門山，再西出大同，通過大西北，沿著天山西進，經裏海、黑海直指多瑙河的源頭，到達現在法國和德國交界的地方。在臨淄和斯圖加特相隔 10,000 公里的遼闊原野上，依靠絲綢這種當時世界工藝界的頂級產品，不同文明之間的連繫悄悄地建立了。新興的波斯帝國不願絲絹這樣的大宗貿易落入北方的游牧民族的手中，於是時而東出捷占河去堵截馬薩革泰人，時而千里迢迢趕到色雷斯去驅迫那裡的蠻族。帝國的新都波斯波利斯成了在亞洲西部以絲織品裝點的一座別出心裁的都城。在那個時候，除了在中國周王朝都城所在的洛陽以及戰國七雄的七個都城以外，還能在哪裡見到如此繁華的城市？難怪馬其頓的亞歷山大占領波斯波利斯後，為宮室裡擁有如此眾多的綾錦羅綺而驚嘆不已，以至怒火中燒，最後點燃大火，毀了這一代名都，只留下幾根殘垣斷壁了。

四、蜻蜓眼玻璃珠的出土

中國自製玻璃工藝大約開始於前 9 世紀左右，玻璃成分含有大量矽酸鹽和鉛鋇，屬於鉛鋇玻璃，和西方埃及、腓尼基、伊朗鈉鈣或鉀玻璃不同。鉛玻璃的製造也以西亞為最早。亞述古都尼尼微遺址中出土的前 7 世

紀的楔文板上有鉛玻璃的配方 [018]，但出土的鉛玻璃極為零星。春秋、戰國以來，西方玻璃陸續透過北方草原民族輸入中原地區。屬於春秋末期的少量鈉鈣玻璃和數量較多的蜻蜓眼玻璃珠就是由伊朗高原和地中海東岸的玻璃製造中心運進的。

　　春秋、戰國玻璃中最多的是玻璃珠，在 800 多件玻璃器中占了 700 多件。玻璃珠中多數是風格別緻、引人注目的蜻蜓眼式圓珠。這類玻璃珠常見的可分大小兩類，大的直徑約 2 公分，多數偏扁，中有穿孔。珠身外飾凸起的蜻蜓眼式的花紋，上有四五道藍白相間的圓圈紋，也有間以黃色圈紋的，有的還有小白點或藍點相連結成的菱形紋飾穿插其間。小珠直徑 1 公分左右，紋飾與大珠相仿。

于闐出土玻璃珠

　　蜻蜓眼紋飾不見於商周玉石器紋飾，春秋時代中國自製鉛鋇玻璃珠中也沒有這類花紋。這種蜻蜓眼（或稱疊嵌眼圈）珠在埃及很早就有。西元前 1400 至前 1350 年的埃及出土物中，已有蜻蜓眼式的玻璃珠項鍊。伊朗高原製造玻璃的歷史也略早於中國。1960 年代，日本東京大學伊拉克伊朗遺址調查團先後兩次在伊朗吉蘭州東部的泰拉門地區進行發掘，在帕提

---

[018]　富比士：《古代技術》（R. J. Forbes, *Studies in Ancient Technology*），第 5 卷，萊頓 1957 年版，第 131 － 135 頁。

亞和薩珊時代的墓葬群中找到了許多珍貴的玻璃器，明確了伊朗高原玻璃製造的歷史進程。前 1000 年，伊朗高原在美索不達米亞的影響下開始生產玻璃珠飾，出土物中有大小相間色澤美麗的蜻蜓眼式玻璃珠項鍊。這類蜻蜓眼式玻璃珠的生產在前 5 世紀至前 3 世紀阿赫美尼德王朝時代長盛不衰，在前 6 世紀已經流入中國黃河中游和長江的中上游。出土於河南固始春秋末期侯古堆 M1 的蜻蜓眼玻璃珠，河南輝縣琉璃閣戰國墓葬中吳王夫差銅劍格上嵌的玻璃三塊，湖北江陵望山 M1 戰國楚墓越王勾踐銅劍格上所嵌的藍玻璃，山西太原金勝村趙鞅（簡子）墓春秋末戰國初蜻蜓眼式透明玻璃球，是最早流入中國的這類伊朗或西亞玻璃。這些玻璃都是經由北方草原民族流入中國的。河南固始在春秋末曾是狄族南侵進入黃河下游的一處邊界，在這裡出土蜻蜓眼玻璃珠殊非偶然。這一發現揭開了研究西亞玻璃進入中國的序幕。

和黃河、長江中下游發現伊朗玻璃的時間相仿，雲南江川李家山 M22 號春秋末、戰國初的墓葬中也出土了來自西亞的淺綠色透明六稜柱形玻璃珠。同一墓葬中還出土了西亞出產的蝕花肉紅石髓珠。該墓經 C_{14} 測定的年代是距今 2,500±105 年。發掘者認為，玻璃珠是由埃及和西亞輸入阿富汗和印度，然後再由印度經緬甸輸入雲南的 [019]。但也有可能，來自西亞的玻璃珠是經由新疆、甘肅、青海直至四川、雲南西部的游牧民族傳送的。這些起自東北，沿長城而西，經青海東部轉向川、藏地區分布的牧民，充當著中原文化區由北向西鄰接地帶的文化傳播者，構成了邊地半月形文化傳播帶 [020]。

---

[019]　張增祺：〈戰國至西漢時期滇池區域發現的西亞文物〉，《思想戰線》1982 年第 2 期。
[020]　童恩正：〈試論我國從東北至西南的邊地半月形文化傳播帶〉，《文物與考古論集》，文物出版社 1987 年版。

各地出土的戰國早期的蜻蜓眼玻璃珠有：

山東臨淄郎家莊 M1 出土料珠 9 枚（《考古學報》1977 年第 1 期第 79 頁，圖版七，3 左，圖一〇）。

山東曲阜魯國故城 M52 出土蜻蜓眼料珠 19 枚，屬戰國早、中期（《曲阜魯國故城》，齊魯書社 1982 年版，第 178、226、227 頁，圖版一一二）。

湖北隨縣曾侯乙墓出土料珠 73 枚（《隨縣曾侯乙墓》，文物出版社 1980 年版，圖一〇七）。

山西長治分水嶺 M270 出土春秋晚期或戰國早期小蜻蜓眼料珠 1 枚（《考古學報》1974 年第 2 期第 81 頁）。

河南洛陽中州路 M2717 出土戰國初期蜻蜓眼料珠 2 枚（《洛陽中州路》，科學出版社 1959 年版，第 115 頁）。

各地出土的戰國中、晚期的蜻蜓眼玻璃珠有：

湖南湘鄉牛形山 M1 出土料管 1 件、玻璃珠 5 件，屬戰國中期（《文物資料叢刊》第 3 輯第 105 頁，第 111 頁圖四一）。

湖南資興舊市楚墓出土戰國中、晚期的蜻蜓眼玻璃珠 1 件（《考古學報》1983 年第 1 期第 115、116 頁）。

甘肅平涼廟莊 M6、M7、M1 出土戰國晚期玻璃珠 16 枚（《考古與文物》1982 年第 5 期第 23 頁）。

甘肅張家川馬家原 M6 大型墓葬出土 7 件戰國中晚期的蜻蜓眼玻璃珠，有古波斯式，也有中國式新月形眼紋的複合蜻蜓眼玻璃珠（《文物》2009 年第 10 期 30 頁）。

廣東肇慶北嶺松山 M1 出土戰國晚期玻璃珠 1 件（《文物》1974 年第 11 期第 76 頁）。

　　四川青川 M13 出土戰國晚期玻璃珠 1 枚（《文物》1982 年第 1 期第 12 頁）。

　　重慶市巴南區冬筍壩 M5、M10、M49 出土戰國末藍色玻璃管 2 枚、玻璃珠 2 枚（《考古通訊》1958 年第 1 期第 11 頁，《考古學報》1958 年第 2 期第 93 頁）。

　　重慶市南岸區馬鞍山 M2 出土玻璃珠 2 枚（《文物》1982 年第 7 期圖版三·7）。

　　湖南長沙市黑石頭 M5 出土戰國末玻璃劍首 1 件、玻璃珠 1 枚（《考古學報》1957 年第 4 期第 47 頁）。

　　湖南長沙市近郊楚墓出土戰國料珠 2 枚（《長沙發掘報告》，科學出版社 1957 年版，第 66 頁）。

　　色彩鮮麗的蜻蜓眼玻璃珠、玻璃管出現在春秋晚期，而以戰國時代最多，地點見於山東、山西、河南、湖北、湖南、廣東、甘肅、四川、雲南。它們從原產地西亞流入中國的路線大致有以下四條：一是自伊朗經中亞，通過新疆、甘肅，進入山西、河南、山東；二是經由甘肅、四川進入雲南；三是由山西、河南流入湖北、湖南、廣東；四是自西亞經阿富汗、印度、緬甸，運抵雲南。四條路線中，自伊朗、中亞、新疆、河套而入山西、河南、湖北的一條是主要的傳遞路線。蜻蜓眼玻璃珠在山東的出土，揭示戰國時代絲綢之路起點的齊國同時也是起自伊朗和東地中海的西方玻璃珠反向輸出的終端。絲綢西運和玻璃東傳，成為春秋、戰國時代在中國和伊朗之間逐漸形成的絲綢之路最主要的圖像。

■第二節
漢代流行的安息文化

一、安息國和中華文明

秦漢時代中國和伊朗的連繫是透過立國於裏海東南的帕提亞（Parthia）實現的。帕提亞自西元前 248 年建國，到 3 世紀初滅亡，在西亞和中國之間充當了文化連繫的馬首。

帕提亞在漢代譯稱安息，源於它的建國者阿爾薩克（Arsak）。比漢代更早，在秦代，還有一個迄今未被譯解的名字應引起注意。王嘉《拾遺記》中追述，秦始皇元年（西元前 246 年），西域騫霄國貢一有才華的畫家烈裔，他能口含丹青，漱地成畫，作成魑魅、詭怪群物的圖像，這些圖像大約即是西亞的人物和神靈。此人又善指畫，畫地長百丈，而可以筆直如繩墨。地圖也是這位畫家的拿手絕活，在方寸之內，可以畫出四瀆、五嶽、列國。烈裔還是刻玉能手，善治印章、雕刻。這些技能幾乎完全是伊朗古代文化中最基本的門類。中國古代的地圖繪製技術大約早在前 3 世紀就已和伊朗有過交流。中國的石刻印章技師也在同時或更早的時候和伊朗的同行有過切磋。烈裔所繪龍鳳，據說騫翥若飛，非常富有寫實的意味，畫風和畫題都和兩河流域及伊朗高原的傳統藝術有承襲關係。巴比倫城伊絲塔門上著名的怪獸蛟龍，後來再見於山東的畫像石上，只是添加了一對飛翼和頭上飄向身後的綬帶，加上鴕鳥等西亞的禽類動物，這些形象便成了中國古代畫壇上最初盛傳的龍鳳圖像的來源。

西域畫家烈裔來華傳藝，無疑是中國和西亞藝術交流中的盛舉。但烈裔一名，顯然並非畫家的真實姓名。這個名字應是裏海南部伊朗古城賴依

（Rayy）的最早譯名。畫家經由騫霄國到咸陽，騫霄國像是波斯歷史中由北方的斯基泰人組建的國家。秦代畫家本無留下姓名的，地位等於畫工。只有這位伊朗畫家由於技能出眾、題材和表現手法頗為新奇而引起注意，在《拾遺記》中留下了籍貫。

西元前 119 年，漢武帝派張騫第二次出使西域。到達烏孫後，張騫向中亞、西亞、南亞分別派遣使節和駱駝商隊。副使的隊伍開赴安息。由於塞伽人正大批動遷，安息為確保漢使的順利抵達，特派 2 萬名騎兵在東部邊界木鹿（今馬里）迎候，經數千里護送，將漢使送抵國都番兜城（Parthava）。番兜城在今沙赫魯德附近，希臘人稱赫康托姆菲勒斯（Hekatompylos），意思是「百門城」。漢使返國，安息也派使節隨團東去，到達長安。安息使者的禮物中，最吸引漢代宮廷注意的是大鳥（鴕鳥）卵和眩人（巫師、魔術師）。鴕鳥卵在漢代宮廷中被當作西方仙國的一種象徵。眩人，極可能是瑣羅亞斯德教擅長巫術的祭司 [021]。安息眩人的到來，對於追求神仙生活的漢武帝劉徹來說無疑是一件曠古未有的瑞祥之事。

二、石雕藝術

由於經商的緣故，安息人從水陸兩路移居國外的極多，他們將阿胡拉·馬茲達神的信仰帶到中國境內是極為自然的。這對於推動中國人將祈求仙藥、仙境的對象轉向西方具有十分重要的意義。漢初，西王母傳說已明顯帶有伊朗色彩。《史記·大宛列傳》特意指出，安息國「俗貴女子，女子所言，而丈夫乃決正」。西王母與不死之藥的連繫，以及西王母地望從河西走廊的西端推向中亞乃至更為遙遠的西亞，是戰國和秦漢時代波斯

---

[021]　參見唐人張鷟《朝野僉載》卷三關於河南府立德坊及南市西坊袄廟中，由胡人充任袄主所使用的巫術。這種巫術稱作下袄神，由袄主以刀刺腹，不久，即告平復。

人或安息人由太陽崇拜而轉向豐收女神阿那希崇拜的一種微妙的反映。阿那希（Anāhit）為春與水源的女神，又是牛群和羊群的保護神。她保護少女，象徵著永恆的生命與豐收的歡樂[022]。東漢時代，特別在印度佛教進入中國乃至東方海濱以後，中國許多表現西王母形象的石刻都是安息藝術的翻版，如山東嘉祥武梁祠石刻、山東沂南畫像石墓、江蘇沛縣棲山畫像石。江蘇沛縣棲山的畫像石出土於東漢初期墓中，當時佛教尚未進入中國，而這些畫像石中已經有了西王母和四翼人、人首蛇身、馬首人身、鳥首人身、人首馬身的圖像。西王母和美索不達米亞藝術圖像聯成一體，是伊朗古代最早崇奉善惡二神的宗教信仰在中國北方流傳的佐證。其中鳥首人身的神像積澱於中國民間兩千年的習俗之中，成為人死十多天後必須供奉祟神的祭物。

　　伊朗石刻圖像中的宗教資訊也隨著安息人進入中國，在黃河流域找到了新的土壤。這些圖像中最引人注目的是獅和麟。獅子產於西亞、非洲。在亞述和波斯，人獅相鬥是英雄氣概和神靈觀念的表現。西元前 3000 年蘇薩印章上有獅子與牛，象徵著日與月，此後獅子便被當作太陽崇拜的一個符號而不斷出現。蘇美的石刻印章和木琴的貝殼鑲嵌畫中，獅子是一種流行的題材，常和神仙、帝王的形象糅合在一起。獅雕藝術在亞述已發展到十分完美的地步，同一時期的西臺人和腓尼基人也都受到了它的影響。在尼姆魯德遺址和尼尼微王宮浮雕中都有獅雕的傑作。作於前 800 年的胡爾西巴德青銅獅，刻畫了一頭匍匐在地、凶相畢露、準備撲向獵物的雄獅。同樣的藝術形象又出現在幾個世紀之後，是發掘於蘇薩的前 5 世紀的波斯青銅伏獅像（今藏巴黎羅浮宮）。到了東漢時代，這些獅子形象竟成

---

[022]　波普主編：《波斯藝術綜覽》（A. U. Pope, *A Survey of Persian Art*），第 1 卷，牛津大學 1938 年版，第 203 － 205 頁。

了中國石刻獅子圖像的藍本。最初比較容易傳遞的是波斯流行的裝有獸座的角杯。這種角杯到前 5 世紀阿赫美尼德王朝時，在杯底折而向前伸展的部位用獸身加以裝飾，角杯製作也都模仿亞述的花邊，底座獸形帶有伏地的前肢，或作鷹頭獸，或作羚羊，或作獅子，大多以金銀製作，雍容華貴，非同凡俗，和原來的角杯已有很大不同，可以稱之為樽。安息王朝的工藝師接受了在黑海北岸古希臘人建立的博斯普魯斯王國製作的角杯形象，將角杯的底部由平直作成圓弧形。1949 年在土庫曼的古城尼薩遺址的安息王宮庫房中發現了一批前 2 世紀的象牙角杯，共約 60 多件，長度在 50 公分左右，其中有格里芬（鷹頭飛獅）等圖像[023]。這種安息式角杯上的獅子圖像流傳到漢代，是中國工藝師可以仔細觀摩、加以仿做的獅子圖像的楷模。最早傳遞這類圖像的是北方草原民族。1977 年河北平山縣中山王陵出土的錯銀雙翼銅神獸、錯金銀神獸，正可視作伊朗獅雕藝術在東亞的初露頭角。1968 年在河北滿城縣陵山劉勝墓的出土物中，有被發掘者稱為鎏金虎座形飾具[024]，高 5.2 公分，長 7.9 公分，也是西亞獅形角杯座托的仿作。伏獅的前半部與安納托利亞雕刻和波斯、安息獅形角杯的形制相似，獅背另有一山字形托架，或者是一件燈座。

　　獅子作為西亞的異獸，在 1 世紀確已作為貢禮進入洛陽宮苑。《後漢書》和《東觀漢記》中都有章帝章和元年（西元 87 年）、和帝永元十三年（西元 101 年）安息使者進獻獅子、條支大鳥的紀錄。87 年，安息「遣使獻獅子、符拔（豹，gav-u-palang）。符拔形似麟而無角」。安息獅、豹都被洛陽皇家范圍作為西域瑞獸珍禽加以馴養。101 年「安息王滿屈復獻獅

---

[023]　法盧金：《中亞考古》（G. Frumkin, *Archaeology in Soviet Central Asia*），萊頓大學出版社 1970 年版，第 150 頁。
[024]　《河北省出土文物選集》，文物出版社 1980 年版，圖 238。

子及條支大鳥，時謂之安息雀」。獅子和符拔、安息雀（鴕鳥）都是伊朗
最富特色的禮品。

　　2世紀中葉在山東出現的石獅，是安息藝術和古代波斯用神獸看守宮
室風習東傳的一種變異形象。建於漢桓帝建和元年（西元147年）的山東
嘉祥縣武氏祠，在晚清時期發現石闕一對。石闕前有一對左右相對的石
獅，獅身長約150公分，瞪眼舞爪，形態生動。與同時代石人相比，石獅
手法純熟，原因恐怕還在這類石獅的圓雕早有借鑑之故。現存洛陽古代藝
術館的一對東漢石雕辟邪，1954年出土於洛水北岸。辟邪肩後有貼伏的雙
翼，雕刻技法圓熟，已成陵墓守護神。

安息銀角杯

　　四川雅安有益州太守高頤墓，建於漢獻帝建安十四年（西元209
年），墓前石獅姿態雄壯，四足奔騰，尾部高聳，軀體刻鏤細緻，前胸兩
旁的鬣毛按安息式樣分兩層展開，每層有粗放而尖端呈弧形上揚的四支捲
毛。由於第二層捲毛的雕刻部位已在頸部後面、腹部前端，所以常被認作
帶有飛翼。這種表現鬣毛的雕刻手法可以追溯到接受了亞述藝術的西臺作

品中，例如前 730 年的辛吉利帶翼獅身人面像（存伊斯坦堡博物館）和馬臘什金制公牛座托銀角杯（藏大英博物館）的動物形象。3 世紀初在東漢獻帝時建造的銅雀臺，也出土有伏地的石獅（藏日本大倉集古館），頭部形象與山東、四川的石獅類同，但鬣毛已變成遍布頸部的圓捲狀，成為後世石獅圓雕藝術中富有中國風味的式樣了。中國從安息引進圓雕石獅藝術以後，在不足一個世紀的短時期中便將伊朗式樣加以吸收、改造，融合於中國的民族藝術之中，從而顯示了中國藝術的強大生命力。

在漢代，麟成為藝術圖像，也和對安息文化的吸收難以分開。麟自春秋時代以來屢見史書記載，傳說孔丘生前已有麟出現。西元前 481 年魯哀公西狩獲麟，對這種珍奇動物感到好奇，於是去請教孔丘。麟這種動物或者指波斯語 palang，是豹子。西亞、非洲出產豹子，在藝術圖像中很早便有了，但在中國北方卻很少見。豹的出現，被認為是「王者至仁」的顯示，是百年一遇的大好事。但往後，人們對這種動物逐漸有了認知，於是獲麟的記載也屢見史書，並作為盛世加以附會。漢武帝時有麟、鳳數現，並非不切實際的想像與迷信，但麟這種動物的含義或有變化，在南方也被當作「四不像」的麋類動物。班固〈西都賦〉中描繪長安西郊上林苑中有「九真之麟」，出自越南半島北部九真郡。《京房易傳》（《左傳正義》引）以為麟是「麋身狼額，馬蹄牛尾，有五采，腹下黃」，還是多半像豹子。自東漢起，麟始有一角的說法，並且還有「麒麟」之稱。這種有角的怪獸也出自安息藝術。作為寫實的動物形象，這時的麟已非春秋時代的麟，而是來自非洲的長頸鹿了。非洲索馬利亞、衣索比亞的長頸鹿在羅馬東方貿易盛期經過波斯人的導引進入中國，於是才有「麒麟」這個複合名詞的使用。波斯語中對長頸鹿稱作 shotor gāv-u-palang，意思是「如牛豹的駱駝」，「麒麟」二字正是波斯語中的牛豹（gāv-u-palang）。於是，麒麟之為

有角的動物是千真萬確的了。

　　江蘇徐州賈旺的東漢畫像石中，有被考古學家稱為麒麟的圖像。清晰的畫面上，刻繪了九頭神態各異的長頸鹿，有的反首回顧，有的停止凝視，都是軀高頸長、似鹿非鹿、頭上生有肉角的動物 [025]。1952 年在徐州茅村漢墓發現的畫像石中也有長頸鹿的畫面 [026]。許慎在《說文解字》中解釋「麟」為「馬身，肉角，牛尾」，但他並不了解由麟到麒麟已經發生了變化。此後，藝術圖像中的麒麟都成了有角之獸，或一角，或雙角，已非最初的豹子，而與非洲長頸鹿結下不解之緣了。

三、魔術與雜技

　　來自安息的還有魔術與雜技。西元前 118 年張騫歸國時，犁軒眩人也隨同安息使者到了長安。眩人（幻人）以魔術著聞，《漢書》中的犛軒、犁軒亦即《史記》中的犁軒（黎軒），《史記》介紹它的位置：「其（安息）西則條支，北有奄蔡、黎軒。」《漢書》則說，伊朗南部的烏弋山離「西與犁軒、條支接」。這犁軒是位於兩河流域以塞琉西（Seleucia）為都城的國家。犁軒原是馬其頓亞歷山大帝國的音譯，後來帝國分裂，兩河流域與波斯的政治形勢有了新的變化。犁軒魔術家便來自兩河流域南部的塞琉西。唐代杜佑《通典‧邊防九》說：「前漢武帝時，遣使至安息。安息獻犁軒幻人二，皆蹙眉峭鼻，亂髮拳鬢，長四尺五寸。」這些來自古巴比倫的魔術與雜技演員擅長吞刀吐火、植瓜種樹、屠人截馬的特技。張衡〈西京賦〉中描述都會之盛，有角力競技、假面歌舞、化裝表演、馬戲馴獸，其中的「怪獸陸梁，大雀踆踆」，恐非馴獅與鴕鳥莫屬；「吞刀吐火，雲霧

---

[025]　王黎琳：〈論徐州漢畫像石〉，《文物》1980 年第 2 期，圖 14。

[026]　江蘇文物管理委員會：〈江蘇徐州漢畫像石〉（考古學專刊乙種第十號），科學出版社 1959 年版，圖版 8。原題〈群獸率舞〉。

杳冥，畫地成川，流渭通涇」，「百馬同轡，騁足並馳」，也都是安息或西亞魔術表演的節目。

四、安息樂器

在漢代西域樂器中，安息樂器屬於美索不達米亞系統。在胡空侯傳入內地以前，中國已有一種仿製西亞式樣的空侯。空侯後來又寫作坎侯、箜篌，大約是從吐火羅語中借用的名詞，是早期的豎琴（harfe，harp）。古代兩河流域的蘇美人是最早使用空侯的民族，西元前 3000 年已創製弓形豎琴，並有立式（直立）和臥式（平放）兩種式樣。在巴比倫時期的前 1850 年以後，又出現了各種式樣的角形豎琴[027]。臥式豎琴最先被中國接受。漢代的詞典《釋名》解釋箜篌這種樂器是空國的貴族所使用的，所以叫空侯。空國大約係甘菩遮（Kamboja）的異譯，是位於印度西北的一個古國，中國可能是經由這個地方引入這種樂器的。這種空侯是可以平放的臥式（橫式）弓形箜篌。最早出現在美索不達米亞的豎琴發現於前 2800 年烏魯克（Uruk）四期的泥板中，那是一種三弦的豎箜篌。在烏爾（Ur）一期，發展成臥式而具有 11 ～ 15 弦的弓形箜篌。臥箜篌在前 2 世紀後的印度石刻中也可見到，並且傳入了緬甸。早期的臥箜篌在前 1 世紀已和鐘、磬等中國民族樂器相並列，受到漢武帝的重視，是經過樂師侯調改進的一種類似瑟的小型絃樂器。但到東漢時這種樂器仍只用於皇室郊廟，不為民間所知。桓譚《新論》中有這樣的妙論：「鄙人謂狐為狸，以瑟為箜篌，此非徒不知狐與瑟，乃不知狸與箜篌也。」

---

[027] 錫比爾·馬庫斯：《樂器大全》（Sibyl Marcuse, *Musical instruments, A Comprehensive Dictionary*），紐約 1964 年版，第 229 頁。史坦萊·薩迪主編：《新編音樂與音樂家辭典》（Stanley Sadie, ed. *The New Grove Dictionary of Music and Musician*），麥克米倫 1980 年版，第 8 卷，第 191 頁；第 12 卷，第 196 － 198 頁。

漢靈帝劉宏（西元 168 － 189 年在位）喜愛的胡空侯是一種大型立式角形豎琴，演奏時豎抱於懷中，透過雙手用指彈撥，和臥箜篌的撥彈法不同。這種箜篌又稱擘箜篌，「擘」是個音義兩佳的外來語，既譯出了「指彈」之意，傳達了豎箜篌的演奏姿勢，又傳遞了伊蘭語中這種上下撫弄的豎琴所用的名稱 van。在庫爾·伊·菲勒（Kūl-i-Fir'awn）的伊蘭浮雕中，就見有演奏手鼓和豎琴的三名樂師。以後在前 626 年的阿蘇爾巴尼帕浮雕（現藏大英博物館）中，也有蘇薩樂師與歌女的圖像，11 名樂師中就有八名豎琴手，其中一名就是豎箜篌的演奏者。豎箜篌的音箱置於下部，與音箱在上部的七弦豎琴（瓊克，chang）不一樣。亞述和新巴比倫時期已出現了大型的角形豎琴，無論立式還是臥式，都具有 8 ～ 22 弦，立式用指彈，臥式用撥彈[028]。亞述角形豎琴由波斯阿赫美尼德王朝繼承，東傳安息，成為歐亞草原民族喜愛的樂器。前 5 世紀至前 4 世紀，東部阿勒泰保存最好的一處男女合葬墓中，女主人大約是部落首領的妻子，同時又是個能歌善舞者，墓室中有一把豎琴型的多絃樂器和一隻單面鼓。經鑑定，墓主是阿勒泰地區的塞人。阿勒泰古墓葬中的這一發現提醒我們，豎箜篌最初是由北方草原民族塞人和匈奴傳入中原的。1996 年在新疆南部且末的扎滾魯克村出土過三件箜篌，按形制屬於臥式

且末出土木豎箜篌（殘件）

---

[028] 法爾瑪：《蘇美爾和亞述的樂器》（H. G. Fàrmer, *The Musical Instruments of the Sumerians and Assyrians*），倫敦 1953 年版。法爾瑪以為瓊克的音箱在上，擘（van）的音箱在下，見波普主編：《波斯藝術綜覽》第 6 卷第 2784 頁注④。

角形箜篌，最早的一件在前 4 世紀的墓葬中出土，後二件出土的墓葬已是前 2 世紀，相當於西漢時期了。前 1 世紀中葉，漢宣帝（西元前 74 － 前 48 年在位）賜給匈奴呼韓邪單于的樂器中有箜篌，這種箜篌是漢人製作的臥箜篌，和竽、瑟一同進入了天山以北的大草原。豎箜篌自伊朗傳入天山以南的時間大約也在同一時期 [029]。

現有考古圖像中也有這類豎箜篌。1972 年在甘肅嘉峪關市以東 20 公里戈壁灘上發掘的東漢晚期磚墓，三號墓前室西壁畫像磚中有奏樂圖兩幅，每磚有樂師二人，一磚分別彈琵琶、吹豎笛，一磚分別撫琴、彈豎箜篌。圖像出土時豎箜篌比較清晰，曾送往日本展出。這是現存最早的豎箜篌圖像，比大同雲岡石窟第七洞的箜篌要早得多。雲岡第七洞開鑿於後秦（西元 384 － 417 年），在西涼呂光（西元 386 － 399 年在位）征龜茲前後。日本音樂史家林謙三不相信漢靈帝的胡箜篌是豎箜篌，以為豎箜篌是傳入中國的鳳首箜篌，對「胡箜篌」竟無法解釋 [030]。東漢畫像磚的發現，完全推倒了豎箜篌是呂光將龜茲樂引入中原時傳進的揣測。

角形的豎箜篌曾在中國長期流傳。胡箜篌是東漢時代在內地最早的正式名稱。

胡箜篌之外，另一種在漢代流行內地的伊朗樂器是四弦曲項琵琶。琵琶一詞來源說法雖多，但比較明顯的還是波斯語中的 Barbāt。古波斯的 Barbāt 是折曲的短頸琵琶，屬於柳特（lute），最早起源於美索不達米亞，後來成為波斯的柏爾布德（琵琶前身）。但 3 世紀中葉薩珊波斯沙普爾一世（Shapur I）（西元 240 － 270 年在位）時的琵琶只有兩根弦，琴身放

---

[029]　認為中國的箜篌是波斯瓊克（chang）的發展，以為在西元 400 年左右從土耳其斯坦（中亞細亞）傳入中國的說法，無論在式樣上還是在時間上都缺少依據。參見史坦萊・薩迪（Stanley Sadie）主編：《新編音樂與音樂家辭典》，麥克米倫 1980 年版，第 8 卷，第 193 頁。

[030]　林謙三：《東亞樂器考》，音樂出版社 1962 年版，第 225 頁。

長，音箱和音柄用整塊木板製作，音域寬廣，聲調洪亮。漢代初入中國，僅譯其音，《釋名》寫作「批把」，《風俗通義》寫成「枇杷」，晉代以後才改成「琵琶」。這是一種馬上撥彈樂器。劉熙《釋名》根據印度梵語中「撥弦」（bharbhu）的讀音，解釋這種樂器演奏時「推手前曰批，引手卻曰把，象其鼓時，因以為名也」。琵琶而有四弦，恐怕是初傳龜茲後加以改進而成，所以北朝時習稱龜茲琵琶。這種四弦的曲項琵琶在漢代已遍布北方黃河流域。不但東漢靈帝時進入宮廷音樂，而且在山東濱海地區也都流行，嘉祥武氏祠和兩城山石闕中都有彈琵琶的樂舞畫像磚。

　　龜茲琵琶的歷史十分複雜，是在採用四弦的長頸琵琶的影響下才出現的一種中伊合璧式絃樂器。它的前身是一種長頸琵琶坦布林（tanbūr）。在巴黎羅浮宮收藏的蘇薩膏泥雕塑中，有前 8 世紀的長頸琵琶坦布林 [031]。後來的幾個世紀中，經過歐亞草原民族的傳遞，坦布林在中國北方邊塞流行，習稱秦琵琶，或秦漢子。唐代杜佑《通典》卷一四四介紹這種古樂器時已覺困惑，懷疑是由北方一種帶柄的名叫「弦鞀」的小鼓變化而成。其實這是一種音箱在下部，上部則由長柄構造的長頸琵琶。既然類似弦鞀，則是用皮面的共鳴箱的絃樂器，大約經過漢人的改進，便變成了四弦十二柱木面的秦琵琶。前 2 世紀末，烏孫公主嫁昆彌，帶去的嫁妝中就有這種樂器，稱為秦琵琶，早在前 3 世紀就有了。晉代傅玄〈琵琶賦序〉稱述它命名的理由：「以方語目之，故云琵琶，取其易傳於外國也。」由於西域各地早用琵琶一名稱呼絃樂器，所以也用了琵琶一名。而琵琶正是波斯語對絃樂器柏爾布德的漢譯名稱。不過秦琵琶卻是一種在西亞已經出現過的棒狀直頸琵琶。因此，秦琵琶（秦漢子）也不能認作是中國的傳統樂器，而是由中國人改進了的波斯長頸琵琶。

---

[031]　《波斯調查團專刊》（*Mémoires de la Délégation en Perse*），1900 年第 1 卷，圖版 8。

　　秦漢時代流行北方的秦琵琶（秦漢子）和四弦曲項琵琶都源出波斯，是經中國人加以改進、增至四弦的波斯琵琶。前者類似坦布林，後者則與柏爾布德有親緣關係，連所用的「琵琶」這個詞也借自早在戰國與秦漢之際就在新疆通用的波斯絃樂器的名稱。

　　漢代傳入中國的胡樂器，除箜篌、琵琶（四弦、秦漢子）外，還有大、小篳篥，都傳自伊朗，屬於伊朗系吹奏樂器。

　　篳篥，在漢代稱悲篥。《通典》卷一四四說：「篳篥本名悲篥，出於胡中，其聲悲。」最初由伊朗經中亞傳入龜茲，為龜茲國所用的一種簧管樂器，《樂府雜錄》描繪它「有類於笳也」。形狀似管，有九孔，豎吹可以發音。唐代乾脆稱作笳管，編入鹵簿。內地仿製的篳篥用竹管截製。這種樂器「卷蘆為頭，截竹為管，出於胡地，制法角音，九孔漏聲，五音咸備」（《太平御覽》卷五八四）。悲篥一名在波斯語中借用號角 būrū，因安息古樂中未見用笛，所以這類管笛習稱 nāy-i-siyāh。東漢時內地已有悲篥，山東孝堂山石刻有屈足跪吹悲篥圖像，後有四人挽鼓車，一人坐車上擊鼓。民間已有將東漢明帝所制軍樂短簫鐃歌改為悲篥和鼓曲的，也是一種吹奏樂器和打擊樂器的合奏。

　　秦末漢初，以簫、笳為主的鼓吹樂首先從河套地區傳入內地，成為重要的軍樂。鼓吹樂使用樂器有鼓、鐃、簫、笳四種，笳是一種主樂器。劉瓛定軍禮說：「鼓吹未知其始也。漢班壹雄朔野而有之矣。鳴笳以和簫聲，非八音也。」[032] 西漢孝惠、高后時，班壹在河套樓煩故地因經營畜牧而致富，是北方邊疆的首富，於是出入弋獵，旌旗鼓吹，威儀勝於帝王。鼓吹曲中使用的笳，就是北方游牧民族所用的胡笳。漢有胡笳曲，「不記所出本末。笳者，胡人卷蘆葉吹之，以作樂也，故謂曰胡笳」（《太平御覽》

---

[032]　郭茂倩：《樂府詩集》卷一六〈鼓吹曲辭〉序引。

卷五八一）。胡笳又稱吹鞭，是匈奴、樓煩牧馬人的馬鞭，以羊角為管，蘆為頭。有大笳（大箛）、小笳（小箛）兩種，晉《先蠶儀注》稱：「車駕住，吹小箛，發大箛，即笳也。」笳自入內地便是軍樂和儀仗中的主樂器。笳在古波斯是一種號角類吹奏樂器，稱 karnā，起源於亞述的 qarnu，亦稱 karranāy。東漢末蔡邕女文姬被匈奴擄往左賢王部伍，對馬上樂的笳曲加以改編，有十八拍。東漢時《胡笳調》、《胡笳錄》各一卷，專門編集胡笳曲。東漢時作為軍樂的鼓吹樂，只有邊將、萬人將軍才能配備。皇室儀仗和宴樂中採用的鼓吹，稱黃門鼓吹，人數多至 145 人。成都出土東漢畫像磚中有一隊六騎的鼓吹圖像。1952 年成都東鄉青槓坡 3 號東漢墓出土畫像磚，有兩排六騎的樂隊，其中五人奏樂，前排居中一騎擊鼓，右側一騎吹排簫；後排中間一騎吹笳，左側一騎擊鐃，右側一騎吹排簫。畫像磚表現了胡笳列入軍樂的場景。

　　胡角也是漢代傳自伊朗的樂器。鼓和角組成了西漢時另一類軍樂橫吹樂的主樂器。晉代崔豹《古今注》稱：「橫吹，胡樂也。博望侯張騫入西域，傳其法於西京，唯得〈摩訶兜勒〉一曲。李延年因胡曲更進新聲二十八解，乘輿以為武樂，後漢以給邊將軍。和帝時，萬人將軍得用之。」鄭樵編纂《通志》，在〈樂略〉中乾脆說：「角之制始於胡，中國所用鼓角，蓋習胡角而為也。」打破了古代黃帝時創製號角的傳說。摩訶、兜勒，分別指波斯的天神摩訶與雨神提希勒，代表豐收與勝利，故《摩訶兜勒》的樂曲用於節慶 [033]。《摩訶兜勒》曲可能就是安息的軍樂。這樂曲到了長安，使李延年的樂思大為奮進，配製了 28 套軍樂，在邊塞編入萬人將軍的樂隊中。這種角又稱長鳴角。角長五尺，形如竹筒，本細，末稍大。可用竹木或皮製成。《宋書・樂志》介紹西戎有長可二尺的銅角，

---

[033] 沈福偉：《中西文化交流史》，上海人民出版社 2017 年版，第 71 頁。

形如牛角，「書記所不載，或云出羌胡，以驚中國馬」。曹操征烏桓，因軍士思鄉，將長鳴角減為中鳴，「其聲尤悲，以應胡笳」（《太平御覽》樂部卷三十二）。胡角是與笳相近的伊朗樂器 būrū。在費爾杜西的史書《帝王紀》中，曼紐契爾（Manūchihr）被推舉為角的創製者，這種角的歷史當時已有 3,000 年。西漢時，角樂成為鼓吹樂以外的另一類軍樂橫吹的主題曲。《通志·樂略》中列鼓角橫吹十五曲，另有胡角十曲，其中〈黃鵠吟〉、〈隴頭吟〉、〈折楊柳〉、〈望行人〉曲名全同，可見鼓角橫吹是李延年等人據胡角原曲改編的配樂。這種橫吹樂經西北羌人的傳遞，再經宮廷作曲家的改編，成為一種中西合璧的軍樂，比漢初來自北方鄂爾多斯草原的鼓吹樂更加具有伊朗古樂的風采了。

五、家具與織物

東漢時期的家具與衣飾，有許多來自安息。漢靈帝所愛好的胡服、胡飯、胡帳、胡床、胡座、胡空侯、胡笛、胡舞大多傳自伊朗，或經由伊朗、中亞進入中國。

東漢時傳入的榻，在波斯語中作 takht，具有「王座」、「軟椅」、「床」等字義。屬於西亞的一種高級座椅，也可供休憩之用。初入中原便受到上層集團的愛好，所以迅速進入宮廷。三國曹魏時期，這種罕見的坐椅也是帝王將相的用具。《三國志》裴松之注引《曹瞞傳》，記述西元 211 年曹操率大軍自潼關北渡黃河，突遭馬超偷襲，「公將過河，前隊適渡，超等奄至，公猶坐胡床不起。張郃等見事急，共引公入船」。胡床是榻的俗稱。曹操在軍中曾用胡床，以供休息。後來魏文帝曹丕出獵時也使用過胡床。《三國志·魏書·蘇則傳》記曹丕行獵，「槎桎拔，失鹿，帝大怒，踞胡床拔刀，悉收督吏，將斬之」。這種胡床輕巧舒適，便於攜帶，在野外旅行

或行軍時也廣為使用。

「榻」的名稱保留了波斯原名。中國慣於席地而坐，或流行在床上雙足雙屈的坐法。使用波斯臥榻，可以下垂雙腿，雙足著地，踞榻而坐。現藏巴黎羅浮宮博物館的阿赫美尼德王朝的圓柱印章上有這種波斯臥榻的圖像，圖像從側面顯示四足，足部刻成上下各兩層的螺旋體，中間是上粗下細的圓柱體。後來這種木工家具圖像成為中式家具的基本圖形流傳下來。榻上鋪上軟墊，可以坐臥。

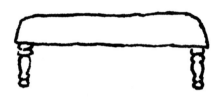

阿赫美尼德王朝的榻

木製的榻在東漢時仍極少見，屬於一種難得的雅座。東漢時陳蕃出任樂安太守，對高潔之士周璆特別敬重，「特為置一榻，去則懸之」（《後漢書·陳蕃傳》）。比較簡陋的是板榻、木榻，上面不再鋪席[034]。《釋名》卷六稱：「長狹而卑曰榻，言其榻然近地也。」漢代有一人獨坐的獨榻，還有兩人共坐的合榻，長度最多 80 多公分。南北朝時期，榻的長度已擴展到 2 公尺以上。西安北周安伽墓出土石榻長 228 公分，寬 103 公分，高 117 公分，由 11 塊青石構成。到南北朝時，胡床使用越加普遍，而且一變而成一種折疊椅，從而有了交足椅的名稱。

---

[034]　《北堂書鈔》卷一三三引謝承《後漢書》；《三國志·魏書·管寧傳》裴松之注引《高士傳》。

　　有頂的胡帳來自西亞。《釋名》：「帳，張也，張施於床上也。」先秦時代原來只有帳、幕、幄、幃。1975 年山東長清崗辛戰國墓出土銅構帳架，設想的復原方案是四坡頂長方形帳架[035]。廣義的帳，原指有頂的帷幕。中國古代軍帳多作圓頂或尖頂的斗帳，平頂的軍帳來源於西亞。羅馬皇帝圖拉真在西元 113 年建成的紀功柱上有圖拉真率軍與達契亞人作戰的浮雕圖像，圖中有三張軍帳，兩張都作坡頂房屋式樣，形制較小，較大的軍帳則呈平頂覆斗形[036]。到東漢時代，因靈帝特別喜愛胡帳，平頂的軍帳便推廣開來。這種新穎的平頂帳已經發現於北魏考古材料中。1949 年以前洛陽出土北魏畫像石，有方形平頂帳，帳頂四周包身蓮花、葵葉，四周垂飾用中國式樣[037]。1975 年河北磁縣高潤墓出土北齊武平七年（西

「圖拉真紀功柱」上的平頂、尖頂軍帳浮雕

洛陽北魏畫像石平頂帳

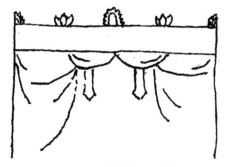

北齊高潤墓壁畫平頂帳

---

[035]　山東省博物館等：〈山東長清崗辛戰國墓〉，《考古》1980 年第 4 期。

[036]　菲利波·寇里諾：《文明的紀念碑：羅馬》（Filppo Coarelli, *Monuments of Civilization*: Rome），倫敦 1979 年版，第 120 頁。

[037]　王子雲：《中國古代石刻畫選集》，圖版五（6），中國古典藝術出版社 1957 年版。

元 576 年）壁畫，上有方形平頂帳，帳頂周緣同樣飾有蓮花、葵葉[038]。到唐代，由於建築風格和陳設的變遷，帷帳不再是宮室殿堂的重要陳設，因此隨葬墓中不再見到帳構之類，平頂帳也只是施張在床上的小帳了。

　　東漢時代，來自波斯的還有胡帳中必不可少的氍毹（takhtdar）。氍毹是一種毛織的鋪墊，用於馬鞍、座席、臥床。漢靈帝愛好的胡物中有胡帳，胡帳中使用氍毹。東漢馬融曾上奏告發馬賢的侈靡，說「馬賢於軍中帳內施氍毹，士卒飄於風雪」（《太平御覽》卷七〇八）。波斯氍毹經月支（月氏）、匈奴流入中國，為數可觀。東漢初年，光武帝也曾在馬鞍上施氍毹。《東觀漢記》說：「景丹率眾至廣阿，光武出城外，按馬坐氊氍毹上，設酒肉。」（《太平御覽》卷七〇八）氍毹從名稱到功用都具有波斯風習。東漢服虔《通俗文》對這種毛織物的解釋是：「名氍毹者，施大床之前，小榻之上，所以登而上床也。」服虔的這一說明在譯名語源方面固然有附會之處，但指出氍毹是鋪蓋在榻上的毛織物，確已指明了它的實際用途。劉熙《釋名》因此按服虔照本抄襲。3 世紀張揖《埤蒼》對氍毹的注釋是「毛席也」，也是毛織鋪墊的意思。

六、安息紋飾

　　有圖案的毛毯，最早見於庫爾塞巴特的亞述石刻，現藏巴黎羅浮宮博物館。阿里安（Arrian）曾在《亞歷山大遠征記》中描述波斯王居魯士的墳墓中使用巴比倫的掛氊。此後，在中亞細亞的月氏貴霜王朝和印度北部也都流行使用毛織的鋪墊、掛氊。隨著這些波斯織物進入中國，安息時代流行的紋飾也逐漸滲入中國的工藝裝飾。

---

[038]　湯池：〈北齊高潤墓壁畫簡介〉，《考古》1979 年第 3 期。

樓蘭出土漢代菱格忍冬紋綺（西元前 1 世紀－1 世紀）　　西漢對鳥捲草紋綺

　　在多變的幾何紋以外，許多植物紋飾以其富有異國情調的特點引起中國工匠特別的注意，十二瓣的薔薇紋、中間夾有葡萄葉的忍冬紋是其中的佼佼者。還有希臘式樣的花紋，如桂冠紋、爵床屬紋（acanthus）與捲草紋（anthemion），也是安息常見的紋樣。忍冬紋在薩珊王朝時期發展成十分流行的紋飾，同樣也在中國西部地區深入民間。在魯利斯坦，忍冬紋實際上由棕櫚紋演變而來。蓮花與忍冬常被當作太陽與月亮更迭交叉，象徵著主管命運的天國的統治者 [039]。阿赫美尼德的阿爾塔薛西斯在蘇薩建造宮殿，曾用三瓣蓮花作為牆面釉磚的紋飾，並列的蓮花呈直線展開，美觀而又雄偉 [040]。蓮花作為太陽的象徵，在近東和中東由來已久。烏爾王陵金器中就以蓮花為紋飾 [041]，後來又用於碗、杯之類的器皿。蓮花被當作太陽，見於波斯波利斯和蘇薩宮殿的牛頭柱，柱礎正是蓮花座 [042]。東漢時代，山東嘉祥武氏祠祥瑞圖中，石刻「浪井」也以蓮花作主題，圖中七

[039]　波普主編：《波斯藝術綜覽》（A. U. Pope, *A Survey of Persian Art*），第 6 卷，第 2687 頁；第 1 卷，圖 87；第 7 卷，圖 114，圖 117A。

[040]　波普主編：《波斯藝術綜覽》（A. U. Pope, *A Survey of Persian Art*），第 2 卷，第 867 頁，圖 304。

[041]　吳萊：《蘇美爾藝術》（C. L. Woolley, *The Development of Sumerian Art*），格林伍德出版社 1981 年版，圖 32。

[042]　波普主編：《波斯藝術綜覽》（A. U. Pope, *A Survey of Persian* Art），第 7 卷，圖 101，圖 102。

瓣蓮花下部，左右兩側各有三瓣蓮花，尤其和安息式樣相仿。安息東部是忍冬、蓮花與捲草紋飾的一大傳導中心，這些紋飾透過中亞進入中國，在石刻藝術、膏泥、木雕、毛織和絲織圖案中組成了別具一格的藝術風格，對極其豐富多彩的漢代工藝美術有著添枝加葉的作用。

　　長沙馬王堆漢墓出土的對鳥紋綺是一件十分完美的中伊合璧的藝術品。圖案以極為自由的寬邊菱形圖樣作為四方連續的構架，菱形邊線內織以中國傳統的回文圖案。整個圖像以對舞的雙鳥和兩兩相對的兩組捲草圖像呈條形間隔展開。雙鳥對舞，舞姿十分優美，採取了斯基泰和波斯藝術中常見的繞首回望式樣。鳥首有捲草組成的飄綬，與身子並行。圖像所具備的飄綬、菱形方格和成對的飛翼出現在前 2 世紀的漢墓，證實了這三種在薩珊波斯時代的流行圖樣實際上早已通行於安息時代 [043]。

　　漢代絲織上的幾何形紋以雙菱紋最為流行，在大菱形兩旁角端通常另有兩個小菱形。這類式樣起源於波斯王室喜用的標記，以表示馬匹或其他有角動物，藉以顯示身分與等級。一經進入中國，便純粹成為一種裝飾紋樣而風靡一時。河南出土漢代用於墓室的空心磚上也有這類圖案 [044]。

　　馬王堆漢綺中的對鳥當係鸞鳥或舞鶴，作為寫實的原本的，也可能是伊朗的鴕鳥（駱駝鶴）。圖像所表現的簡直可以說就是《山海經》中「鸞鳥自歌」的沃民國的景象。菱形方格條形展開的另一組捲草圖像，有類似薩珊時代的忍冬紋綺的圖樣 [045]，更有盛開的蓮花、石榴與葡萄葉，全自魯利斯坦青銅器和波斯傳統圖樣衍化而成。兩兩相對成四方形格子的捲草紋，起源於魯利斯坦三叉式石榴紋，到薩珊時代而趨於成熟。漢代絲織物

[043]　波普主編：《波斯藝術綜覽》（A. U. Pope, *A Survey of Persian Art*），第 6 卷，第 2691 頁。
[044]　河南省文化局文物工作隊：《河南出土空心磚拓片集》，人民美術出版社 1963 年版，圖 45，圖 73。
[045]　波普主編：《波斯藝術綜覽》（A. U. Pope, *A Survey of Persian Art*），第 7 卷，圖 201C，圖 202C，圖 199A。

中的這類圖像為安息紋樣提供了實例。

　　除上述四種紋飾外，還有一種以波斯六瓣薔薇紋為基本式樣而加以變化的式樣，即在四瓣對稱花紋的下部兩側再加上花瓣的圖式，也是漢代流行的紋飾。

　　雪杉紋，是漢代河南流行於墓葬空心磚上的一種紋飾。同樣的紋飾早見於羅浮宮博物館收藏的巴比倫薩貢王宮石刻森林浮雕，相當於西元前1800年。波斯阿赫美尼德王朝的波斯波利斯王宮浮雕也使用了這種紋飾。洛陽淺井頭西漢壁畫墓，時間在成帝至王莽間（西元前33 — 6年），後壁山牆磚飾採用雪杉作為上下兩層裝飾圖案，中間以四排堆疊的菱形和立鳥為主體，形成莊嚴肅穆的氣氛，造意手法和精神境界完全受到伊朗模式的薰陶。同樣的以雪杉成雙組合裝飾的方塊還出現在山東濟寧師專昭帝至王莽時期的西漢墓群中 [046]。1984年出土於洛陽伊川白元鄉王莊村西漢墓中的空心磚也有成對的雪杉紋樣 [047]。

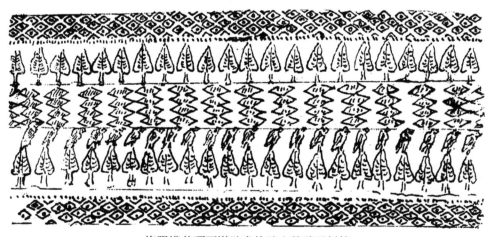

洛陽淺井頭西漢壁畫後壁山牆磚雪杉紋

[046]　濟寧市博物館：〈山東濟寧師專西漢墓群清理簡報〉，《文物》1992年第9期。

[047]　李獻奇，楊海欽：〈洛陽又發現一批西漢空心畫像磚〉，《文物》1993年第5期，第19頁。

漢代紋飾中的柿蒂紋，以兩兩相對四向展開的雞心聯花為基本圖式，實際上是成雙成對的蓮子紋飾，應改稱對蓮紋，富有勻稱、恬淡的意趣，可以追溯到伊朗文化。蓮花紋在西周時代開始採入青銅器。2012 年，陝西寶雞石鼓山的一座西周墓葬M3 出土了精美酒器戶卣甲、戶卣乙 [048]。發掘者稱，器蓋兩側有對稱雙耳，牛角狀，耳上部陰刻牛首紋、鋸齒紋。鋸齒紋實際上是五叉蓮花紋。同墓出土戶彝，耳部也有相同的蓮瓣紋飾。馬王堆漢綺在花樣展示中早就採用了這類花紋，後來又成為漢代銅鏡常用的蒂形紋飾。1992 年，安徽天長三角圩西漢中期桓平墓出土的雙層銀扣漆奩蓋正中也有這樣的對蓮四蒂形紋 [049]。這種紋飾脫胎於西元前 1000 年洛雷斯坦銅器的蓮花、石榴相間紋。較銅鏡為早，對蓮紋亦見於洛陽西漢墓和陝西綏德東漢墓石刻。1992 年，洛陽南郊淺井頭西漢壁畫墓出土蒂形銅飾一件，形制簡樸 [050]。1956 年，綏德快華嶺板佛寺內門

洛陽伊川白元鄉西漢墓空心磚雪杉紋

[048]　石鼓山考古隊：〈陝西寶雞石鼓山西周墓葬群發掘簡報〉，《文物》2013 年第 2 期，彩圖 32 頁；線畫 33、34 頁。

[049]　楊德標等：〈安徽天長縣三角圩戰國西漢墓出土文物〉，《文物》1993 年第 9 期，圖版三之 3。

[050]　呂勁松：〈洛陽淺井頭西漢壁畫墓發掘簡報〉，《文物》1993 年第 5 期，第 9 頁。

樓和臺階上發現的漢墓石刻（現藏陝西省博物館）有非常美觀的對蓮紋，尖葉下部左右內卷式的花紋和整個圖像的排列與洛雷斯坦紋飾如出一轍，但又展現了中國文化中成雙成對的幸福觀念，是蓮紋在中國表現出的新樣式。石刻中還有波斯、希臘式樣的捲草紋。捲草紋也見於綏德漢墓出土的石刻門框上，門框刻有獨角之馬和具有細長雙翼的瞪羚，上部邊飾是希臘風格的捲草。瞪羚具有細長的雙角，體形瘦削，翅翼亦細長，全係波斯式樣，和烏克蘇斯出土金銀器中的一件波斯金質飲器柄飾上的瞪羚類同（現藏巴黎羅浮宮博物館），不同的是，烏克蘇斯的瞪羚翅翼豐滿，雕刻更加細緻。

古波斯都城波斯波利斯宮殿石刻上，早期用七瓣蓮花作浮雕，採取凹凸手法，稱作凸瓣紋。採用這類手法捶揲而成的金銀盤、碗稱作 phialē（希臘文），拉丁文叫 phiala。這類產品於前 3 世紀在中國沿海地區流傳。山東淄博西辛在 2004 年出土的銀碗是目前所知年代最早的兩件 [051]。西漢時代流傳到廣州的，有南越王墓出土的銀碗。在雲南晉寧有仿造的凸瓣紋銅碗。

---

[051] 山東省文物考古研究所等：〈山東青州西辛戰國墓發掘簡報〉，《文物》2014 年第 9 期，第 24 頁圖四六、四七。

陝西綏德東漢墓出土石刻門框飛翼瞪羚捲草紋

洛雷斯坦紋飾

（上）洛雷斯坦有嘴銅壺紋飾

（西元前 2000 －前 1000 年）

（中）薩珊朝團花紋：泰西封宮牆紋飾

（下）薩珊朝團花紋：金屬盤紋飾

陝西綏德快華嶺板佛寺漢墓出土石門柿蒂紋

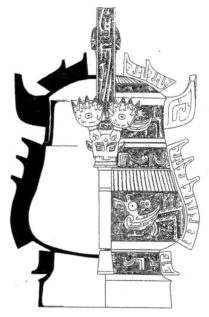

2012 年陝西寶雞石鼓山西周墓出土戶卣甲

2012 年陝西寶雞石鼓山西周墓出土戶卣乙

戶彝

戶彝蓮花紋

在中國東南沿海製作的漆器中，凸瓣紋逐漸簡化成荸薺或茨菇形，可稱代表作的有 2012 年在江蘇盱眙大雲山江都王陵二號墓出土的漆盒、漆盤圖樣，其中 M2 疊壓在 M1 底層。出土物有第一代江都王劉非「廿五年五月甲」（西元前 129 年）銘文，推測墓主是江都王后 [052]。2006 年江蘇徐州後山發掘的西漢墓也出土了同一類型的鎏金銅飾，同時出土新莽時期的「大泉五十」，圖形已大為簡化，並具有地方色彩了。到 8 世紀的中唐時期，這類紋飾逐漸演化成兩兩相對的團花紋，中央呈四瓣花的團花。1992 年洛陽北郊邙山南麓中唐潁川陳氏墓出土的塔式陶罐，其腹部紋飾顯示已經完成了中原化的藝術歷程 [053]。

波斯波利斯古宮蓮花紋浮雕

---

[052]　南京博物院等：〈江蘇盱眙大雲山江都王陵二號墓發掘簡報〉，《文物》2013 年第 1 期，第 35 頁圖一八。
[053]　洛陽市文物工作隊：〈洛陽北郊唐潁川陳氏墓發掘簡報〉，《文物》1999 年第 2 期，第 46 頁。

廣州象崗南越王趙昧墓凸瓣紋銀碗

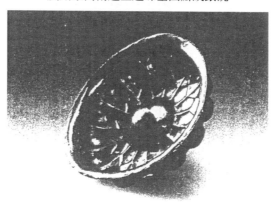

西元前 1900 年亞述製作的凸瓣紋銀碗

現在中國考古界習慣將這類紋飾稱作柿蒂紋，是缺少根據的稱謂。

葡萄在前漢時代引種於內地，成為釀酒的新原料，由此在社會上引起振波，遠遠越出了飲食文化的領域，而在工藝美術上成為一種引人注目的紋飾，普及到絲織、毛織、銅鏡和石刻圖像中。葡萄原產伊朗，經由中亞細亞費爾干納傳入中國。葡萄在伊朗是豐收的象徵，東伊朗流行收穫葡萄時舉行盛宴慶祝，在印章和各種紋飾上廣泛採用葡萄形象。在中國，首先

在織錦中使用葡萄紋飾。漢初已有葡萄錦（蒲桃錦）。《西京雜記》說，尉佗將南越的鮫魚、荔枝獻給劉邦，劉邦回贈蒲桃錦四匹。漢武帝時，霍光的妻子也曾將蒲桃錦 24 匹贈給淳於衍。這種蒲桃錦是漢代極為華貴的織錦，且題材富有西域風味，更使中國的錦綺外銷通行無阻。新疆民豐、和田先後出土各種葡萄紋飾的錦、繡、綺、罽。民豐出土東漢時期的菱紋綺、鳥獸葡萄紋綺，尼雅遺址出土的東漢毛罽和紋綺，都有葡萄紋樣。其中一件是夫妻合葬棺中出土的黃色鳥獸葡萄紋綺女上衣，是內地織造的；另一件綠地人獸葡萄紋罽，有捲髮高鼻的塞人或吐火羅人採摘葡萄景象，是當地產品。

洛陽北郊唐代潁川陳氏墓塔式陶罐蓮子紋飾

漢代海獸葡萄鑑

河南宜陽飛馬空心磚

河南漢墓飛馬空心磚

敘利亞巴爾米拉雙菱四獸紋綺

　　葡萄紋在漢代銅鏡製做中形成一代新風。著名的有海獸葡萄鏡、海馬葡萄鏡，為數甚多，自宋代以來，金石家、考古家多有著錄。海獸、捲草、對蓮（蓮子）、葡萄是漢代銅鏡採自域外題材的四大紋樣。自《宣和博古圖》（銅鏡 113 件）、《西清古鑑》（銅鏡 93 件）、《西清續鑑》（銅鏡 200 件）、《寧壽鑑古》（銅鏡 101 件）、《金石索》（銅鏡 174 件）以來，復經羅振玉、陳介祺、劉體智、梁上椿各家著錄，數以千計。1950 年代以後，河南洛陽、陝西、湖南、浙江、安徽又陸續出土許多漢鏡。葡萄與海獸在兩漢鏡鑑中占有一定比例，這類銅鏡製作精良，圖案繁縟，是漢鏡中的上乘之作。《西清古鑑》著錄的漢海馬葡萄鑑，徑九寸六分，內層作有翼的飛馬和海獸，外層更有飛禽，以結枝葡萄和石榴點綴。《寧壽鑑古》中的漢海獸葡萄鑑，徑三寸四分，內圈列海獸四，外輪以鳥雀相配，環繞結枝葡萄和石榴，捲草為邊。另一件海馬葡萄鑑，內圈鑄有六頭姿態不同的海獸，或立或伏或聳，中以三匹有翼飛馬相隔，空間填滿結枝葡萄；外輪鑄有四頭海獸、兩匹飛馬，中間雜以鸞鳳、孔雀，再配以葡萄紋飾。這類銅鏡都以獸首作鏡紐，所以在銅鏡分類中稱為獸首鏡。獸首鏡最突出的主題有四：海獸、翼馬、葡萄、石榴，都由伊朗引入。之所以稱海獸，是因其來自海外。這類域外的野獸實際全係藝術化的獅豹形象。洛陽出土的東漢銅鏡便有翼獅圖像 [054]。翼馬是翼獸中的一種。波斯古代以翼牛、翼獅、翼羊的圖式最多，翼馬是漢代工匠對西方騎馬民族文化的一種加工與再創造，在波斯的成分外，當有中亞大宛、康居的因素在內。傳遞的媒介是居住於中國北方的匈奴部落各族。內蒙古扎賚諾爾出土的長方形圓角銅牌飾就有展翅奔馳的飛馬圖像 [055]。值得注意的是，線條優美的飛馬圖像

---

[054]　洛陽博物館：《洛陽出土銅鏡》，文物出版社 1988 年版，圖五七。
[055]　內蒙古文物工作隊：〈內蒙古扎賚諾爾古墓群發掘簡報〉，《考古》1961 年第 12 期。

在畫像磚與銅鏡之外，又見於漢代用於墓室的空心磚刻紋。河南洛陽等地出土的這類空心磚圖像中便有形象動人的飛馬。例如，1991 年出土於宜陽縣的西漢空心磚，圖像是翼馬左向守護牛角樹，三馬三樹相間 [056]。

漢代中國和安息在裝飾工藝上的交流頻繁而深廣，雙方關係之深，情分之切，甚至使人產生東自長江中游、西至兩河流域和地中海東部的廣大地區屬於同一工藝世界的感覺。

七、龍的變異

東漢中期開始出現的神獸鏡，花紋以東王公、西王母神像和龍、虎、獅等獸形為主要題材，紋樣屬浮雕式。自西元 105 年四川廣漢郡工官開鑄環狀乳神獸鏡起，到建安年間（西元 196 － 220 年），又出現了重列式神獸鏡、同向式神獸鏡、對置式神獸鏡。三國孫吳更鑄造了同心式神獸鏡。神獸採取對置，也有伊朗與西亞藝術的影響在內。這類神獸鏡在中國北方的一個特點是龍紋的獅形化，或者說龍、獅合一化。漢代紋綺已出現的獅紋，有敘利亞巴爾米拉出土的雙菱四獸紋綺 [057]，四獸其實是形態相仿、分成上下兩組相向的四獅。在這件 1 世紀的織物中，兩兩相對的獅子張牙舞爪，頭上垂有鬣毛，尾巴上揚，四足奔騰。更值得注意的是，巴爾米拉的瑞獸紋綺在菱格中成對的瑞獸身呈獅形，頭部則是生有雙角的龍，是獅化的龍。這種龍與漢代西安瓦當、茂陵空心磚、長沙馬王堆帛畫上的龍最重要的差別在於龍體較之獅身更加細長而多折曲。龍首如鬣毛的雙角上揚，而肥壯的尾幾乎和圖像中的獅無甚差別。綏德王得元墓石刻門框、榆

---

[056]　李獻奇，楊海欽：〈洛陽又發現一批西漢空心磚〉，《文物》1993 年第 5 期，第 23 頁；《河南出土空心磚拓片集》，人民美術出版社 1963 年版，圖 30，圖 31。
[057]　普菲斯特：《巴爾米拉出土織物》（R. Pfister, *Textiles de Palmyre*），巴黎 1934 年版，第 43 － 44 頁。

林古城灘南梁村出土石刻門扇、綏德快華嶺板佛寺漢墓石刻門扇 [058]、綏德義合鎮 M1 石刻門扇上的翼龍全是獅形走獸，頭頂有綬帶演變成的波狀角，都屬 1 世紀的遺物。龍的獅化開始於 1 世紀東漢與安息加速交流之際，首先出現在北方交通要道附近是不足為怪的，它真實地反映了這種文化融合的印跡。

　　龍在中國是四方之神中的水物，屬於陰獸；獅在伊朗是太陽的化身，象徵君權。牠們各自在本民族的意識中有著崇高的指導作用。獅龍結合代表了東周以來陰陽交合的觀念。中國傳統的龍與來自伊朗的異獸獅結合，是一種文化上的融合與回饋。中國人將兩種不同的異質文化加以調和，在藝術上逐漸減少差別，增強共同性。其成功的例子並不在漢鏡上，而在雜技與再現這種表演藝術的畫像磚雕上。最突出的一例見於山東沂南東漢畫像磚上的龍戲。圖像上龍表演的舞蹈組成雜技中的一個節目，龍自鼻以上有雙角，身軀肥壯，有四足，通體呈菱形方格，項下有貼身的短翼，細長的尾部有雙頭，是一頭首上長角、尾端捲揚、具有飛翼的獅子。此龍的頭部，經仔細觀察可以辨認出是山東、江蘇出土東漢畫像磚中最常見的鹿車中的鹿，其實是馬的寫真，只是在聳起的雙耳之前又戲劇化地添上了兩隻牡鹿的長角。可見，在很少見到獅子的真實形象的山東，人們所能表現的獅、龍也只能是馬和傳說中的神獸麒麟了。龍是中國傳統的圖騰文化的遺存，早在 6,000 年前的河南濮陽西水坡古墓葬中就已經出現蚌殼堆積的龍虎圖像，而獅子與多半是長頸鹿的麒麟全是伊朗的形象。

---

[058]　綏德快華嶺板佛寺漢墓出土石刻門扇 (1956 年出土，《陝北東漢畫像石刻選集》，文物出版社 1959 年版，圖 57，圖 58)，與綏德後思家溝快華嶺漢墓出土石刻門扇 (1951 年出土，《陝北東漢畫像石刻選集》，文物出版社 1959 年版，圖 34，圖 35) 的龍虎圖像，因出土年代不同，原書有錯配。原書圖 34 的虎像門扇應與圖 58 的龍像門扇相配，原書圖 57 的虎像門扇應與圖 35 的龍像門扇相配。

陝西綏德漢代王得元墓石刻門框翼龍

山東沂南漢畫像磚龍戲

西安漢城遺址青龍瓦當

由亞述、波斯翼獸藝術所傳導的上天成仙、靈魂昇華的思想，大約在前 7 世紀就已在黃河上游西戎民族活動地區有了傳承關係。1978 年出土於陝西寶雞楊家溝大公廟窖藏的一組春秋前期的秦公鎛上，可以看到自鈕至脊側有九條飛龍，脊上有五條飛龍和鳳鳥，這是翼獸藝術由西亞東傳的早期標本，它出現在崇神祭祖的鐘鼓之上應該並非偶然。至晚在前 4 世紀，在中國龍文化故鄉的黃河中下游地區，這類帶翼的龍就伴隨有靈魂升天的信仰。這種有翼龍可以在古代迦勒底文化中找到親緣關係。迦勒底的龍有四足，身上有鱗，且有雙翼。翼龍在古代稱應龍，被認為始於秦，盛於漢。陝西西安漢城遺址出土秦漢之際的瓦當，上有鳥翼、麟軀、長頸、鳥喙、鱷或鯢足、魚尾、鰭脊的龍，具有黃河上游地區龍圖騰的獨特風格。翼緊貼前胸，與軀體並行向背部施展，具有波斯阿赫美尼德王朝翼獅的表現手法。比秦瓦當時間更早一個多世紀，1977 年在河北平山縣三汲鄉（戰國中期中山國首都）出土一件屬於中山國王室的刻銘銅方壺，壺身通長 62 公分，四邊突出的柄飾作魚尾形飛翼的龍，龍有二足，翼則聳於背部。以魚尾分叉表示左右分列的雙翼，是早期北方狄族統治下的華北平原對伊朗翼獸的一種圖案化的勾勒。在同一時期的羌蜀文化中，有 1992 年四川茂縣南新鄉牟托村出土的大量青銅器和玉石器，在屬於 I 式的銅紐鐘圖案中也有類似的有翼爬龍，但展開翼沒有魚尾分叉 [059]。河北定縣三盤山在 1965 年出土的一件錯金銅車傘鋌，長 26.5 公分，傘鋌圓柱式展開的圖像中有飛馬、飛龍，屬於西漢早期翼化的龍圖像。這類翼龍以不同的式樣在漢代各地展開。四川蘆縣王暉墓石棺畫像石中的翼龍圖形單純，體型瘦

---

[059]　茂縣羌族博物館：〈四川茂縣牟托一號石棺墓及陪葬坑清理簡報〉，《文物》1994 年第 3 期，第 16 頁，圖二二；第 17 頁，圖二三。

長，頭上有自口部向後伸展的兩條綬帶[060]。陝西綏德屬於東漢永元十二
年（西元 100 年）的王得元墓畫像石上的翼龍則施展雙翅，頭有兩羊角，
一如常見於波斯的瞪羚，有四足、長尾。綏德快華嶺板佛寺石刻門扇上浮
雕的翼龍則形象動人，刀法純熟。翼龍頭上有伊朗式綬帶，可以斷作屬西
漢時代。綏德後思家溝快華嶺漢墓出土石刻門扇二，圖像都是上部為相對
的鳳鳥，下部左虎右龍，龍首有綬帶，而未見角，身有飛翼。在河南唐
河、南陽英莊、南陽東關、山東兩城山出土的東漢畫像石上出現的翼龍，
頭部綬帶都已具有蜷曲的長角形象，表明翼龍藝術風格已完全中國化了，
只是龍身上的飛翼卻凝固下來，明顯地刻上了伊朗格調。

　　這種有翼的龍，到南北朝和唐朝又演變成胡天信仰中具有火焰形伸展
的飛翼的形象。江蘇丹陽胡橋寶石南朝磚畫墓東壁羽人戲龍磚畫畫面上的
龍，有四撮火焰式飛翼[061]。在北方，自 5 世紀起，壁畫與石刻中的龍大
都具有火焰式飛翼。吉林集安五盔墳四號、五號墓屬高句麗洞溝墓群，壁
畫中多處顯示的飛龍都有這一類型的翅膀[062]。在初唐時期的莫高窟 329 窟
龕頂壁畫雙飛天形象中，也可看到身騎火翼的飛龍圖像。陝西三原李壽墓
石槨上的龍紋，陝西乾縣永泰公主墓墓蓋上的龍紋，都有這種伊朗天神觀
念中的火翼，而龍身又明顯地具有高足的獅形，集翼化的龍與獅化的龍於
一身。

---

[060]　常任俠編：《漢代繪畫選集》，朝花美術出版社 1955 年版，圖三三。
[061]　故宮博物院藏陶質龍虎紋井欄上，右龍左虎，龍身也有四撮火焰形飛翼，刻鏤精細，定為漢
　　　代，可能略早。圖見劉志雄、楊靜榮：《龍與中國文化》，人民出版社 1992 年版，圖版 29。
[062]　吉林省博物館：〈吉林集安五盔墳四號和五號古墓清理略記〉，《考古》1964 年第 2 期；吉林
　　　省文物工作隊：〈吉林集安五盔墳四號墓〉，《考古學報》1984 年第 1 期。

河北定州漢墓錯金銅車傘鋌飛龍

四川蘆縣王暉墓石棺畫像石翼龍

河南南陽英莊東漢畫像石應龍

陝西乾縣唐永泰公主墓墓蓋龍紋

■第三節
薩珊波斯和中國

一、使節和商旅

　　薩珊波斯興起後，替代安息統一了伊朗和美索不達米亞，大力宣揚波斯文化，商旅絡繹往來。但亞洲西部局勢動盪，薩珊國王沙普爾二世（Shapur II）（西元 309 － 379 年在位）西向東羅馬征討頻繁，東又與貴霜帝國發生衝突。貴霜滅亡後，沙普爾二世又捲入與嚈噠的爭戰中。嚈噠擊敗卑路斯一世（Pirooz I）（西元 457 － 484 年在位），獲得賠款和土地。嚈噠的勢力在 5 世紀末、6 世紀初深入新疆西部于闐。此時中國西部的割據政權也不斷向西擴展。立國於甘肅的後涼（西元 386 － 403 年）的勢力及於龜茲（新疆庫車）。北魏政權透過嚈噠與波斯建立了邦交。自 455 年到 522 年間，到達中國平城（大同）和洛陽的波斯使節共有 10 次。

　　1964 年，河北定縣（今定州）城內東北隅華塔塔基發現 41 枚波斯薩珊銀幣，有一枚伊斯提澤德二世（Yezdigord II）（西元 438 － 457 年在位）的銀幣，邊緣壓印一行嚈噠文字的銘文 [063]，顯示波斯銀幣曾經嚈噠人之手流入中國北方內地。

　　北魏太武帝太延元年（西元 435 年），粟特國使者來華，北魏政權在翌年派出六個代表團前往西域。此後，因于闐一道的暢通，波斯使者接連東來：

　　文成帝太安元年（西元 455 年）冬十月，波斯、疏勒國並遣使朝貢。

　　文成帝和平二年（西元 461 年）八月，波斯國遣使朝獻。

---

[063] 夏鼐：〈河北定縣塔舍利函中波斯薩珊朝銀幣〉，《考古》1966 年第 5 期，第 269 － 270 頁，圖版陸 3。

獻文帝天安元年（西元 466 年）三月，高麗、波斯、于闐、阿襲諸國遣使朝獻。

獻文帝皇興二年（西元 468 年）四月，于闐、波斯國各遣使朝獻。

孝文帝承明元年（西元 476 年）春二月，蠕蠕、高麗、庫莫奚、波斯諸國並遣使朝貢。

宣武帝正始四年（西元 507 年）冬十月，嚈噠、波斯、揭盤陀等諸國並遣使朝獻。

孝明帝熙平二年（西元 517 年）春四月，高麗、波斯、疏勒、噠諸國並遣使朝獻。

孝明帝神龜元年（西元 518 年）閏七月，波斯、疏勒、烏萇、龜茲諸國並遣使朝獻。

孝明帝正光二年（西元 521 年）閏五月，居密、波斯國並遣使朝貢。

孝明帝正光三年（西元 522 年）秋七月，波斯、不漢、龜茲諸國遣使朝貢 [064]。

波斯十次使團，前五次到達北魏首都平城；西元 494 年北魏遷都洛陽，後五次波斯使團便奔赴洛陽。

嚈噠興起以後，波斯的使者自宿利城（塞琉西－泰西封）起程，通過于闐，東赴涼州（甘肅武威），進入河套後，過靈武、綏德，出河套，南線自離石，經太原，北上大同；北線經偏關或保德，渡黃河，抵達大同。第一次使團由波斯王伊斯提澤德二世派遣，接下來四次都由卑路斯一世派遣。大同北魏遺址中出土有西亞風格的銀碗和高足鎏金銅杯 [065]，大同西

---

[064]　以上見《魏書》卷五至卷九。
[065]　北京大學歷史系：《三國宋元考古》（上）講義，1973 年，第 107 頁。

郊北魏封和突墓出土薩珊銀盤及高足銀盃[066]，大同南郊張女墳北魏墓葬中出土波斯玻璃碗和鎏金刻花銀碗[067]，這些都是北魏前期建都平城時與波斯建立經濟、文化關係的實物證據。

嚈噠極盛時期，北魏遷都洛陽，波斯使團便由宿利城東赴洛陽。西元530 年（梁中大通二年），波斯使團更與建都建康（南京）的梁政權直接建交，使者大約通過臨洮，經四川，沿長江東下。這是薩珊朝第十九位國王卡瓦德一世（Kavad I）（西元 488 － 531 年在位）時和中國北朝與南朝都有建交關係的一段歷史。《北史》卷九十七將遣使洛陽的波斯國王的名字譯作居和多。《梁書》卷五十四則說「中大通二年，遣使獻佛牙」。卡瓦德顯然有意聯絡中國南方與北方的政治勢力，以與稱霸中亞的嚈噠人一決雄雌。

西魏時期，波斯王庫思老一世（Khosrow I）（西元531 － 579 年在位）遣使長安，在廢帝二年（西元 553 年）抵達。曼蘇地（Al-Masudi）在《黃金草原與寶石礦》一書中也說，此時有中國使者到達王庭。

隋代，好大喜功、窮極奢侈的煬帝（西元 604 － 618 年在位）盼望著一個萬國來朝的盛世，派出雲騎尉李昱出使波斯。李昱歸國，帶來了波斯王庫思老二世（Khosrow II）（西元 590 － 628 年在位）報聘的使者。610 年（大業六年），煬帝在東都洛陽大會諸蕃酋長。正月十五，在端門街（皇城端門外大街）盛陳百戲，戲場周圍五千步，參加演出的有 18,000人，聲聞數十里，通宵歡慶，所費萬戶。各國使團、僑民都被允許到豐都市（洛陽東市）交易，受到免費款待。波斯使團一定也在其中[068]。

唐初，薩珊波斯面臨滅亡，波斯末王伊嗣俟〔伊斯提澤德三世（Yez-

---

[066]　馬玉基：〈大同市小站村花圪塔台北魏墓清理簡報〉，《文物》1983 年第 8 期。
[067]　山西省考古研究所等：〈大同南郊北魏墓群發掘簡報〉，《文物》1992 年第 8 期。
[068]　司馬光：《資治通鑑》卷一八一〈煬皇帝上之下〉。

digord III），西元 634 － 651 年在位〕在貞觀十二年（西元 638 年）派使者沒似半到中國。貞觀二十一年（西元 647 年）使者又獻活褥蛇。這種動物像鼠，色正青，長九寸，能捕穴鼠。翌年，波斯使者頻頻抵達長安，謀求取得唐朝支援，以對抗阿拉伯人。不久，伊嗣俟在和阿拉伯人的戰爭中死去。伊嗣俟的兒子卑路斯（Pirooz III）流亡吐火羅，654 年曾向長安遣使告急。唐高宗以為鞭長莫及，沒有給以軍事援助。不久，吐火羅又遭到阿拉伯軍隊侵擾。龍朔元年（西元 661 年），唐朝派隴州南由縣令王名遠到中亞各地分置州縣，在 662 年正式冊封卑路斯於錫斯坦的疾陵城（Zaranj），為波斯都督府的駐地。此後，波斯使者不斷到達長安。《冊府元龜》卷九七〇記：乾封二年（西元 667 年）十月，波斯國獻方物。咸亨二年（西元 671 年）五月，吐火羅、波斯、康國、罽賓國的使者同時到達長安。

咸亨四年（西元 673 年），波斯王卑路斯兵敗，流亡長安，授右武衛將軍。他的兒子泥涅斯（Narsie）也隨之入朝作質子。《冊府元龜》卷九九九記：咸亨五年（西元 674 年）十二月辛卯，波斯王卑路斯來朝。不久，卑路斯客死長安。

泥涅斯繼承父親遺志，希望能召集舊部恢復故土。唐朝支持泥涅斯的行動，在調露元年（西元 679 年）派裴行儉率軍護送泥涅斯歸國為王。裴行儉只到了中亞細亞的碎葉鎮，另行派人送泥涅斯到錫斯坦。泥涅斯於是客居吐火羅達 20 年，復國的計畫終因大勢已去、部落離散而難以實現。《冊府元龜》卷九七〇記述中宗神龍二年（西元 706 年）七月波斯國、林邑國並遣使貢獻，大致可以推測是泥涅斯所遣使節，或者是來自波斯故土的商旅。這時泥涅斯雖聚集了部眾數千人，然而難以抵擋阿拉伯人的勢力。於是在景龍二年（西元 708 年）三月，泥涅斯又回到長安，唐朝授以左威衛將軍。不久，泥涅斯也像卑路斯一樣客死長安。薩珊王族至此才告絕嗣。

開元、天寶以來，波斯的地方豪紳，特別是薩珊王室支系的陀拔斯單，仍在裏海南岸保持獨立，以 Isbahbadhs（Spādhapati）的名義繼續和中國往來 [069]，於是中國史籍中仍有波斯國使團來華的紀錄。開元五年習阿薛般國王使團便是波斯王族的使節。這些來華使團常以波斯國名義，或以波斯王子的身分，或以波斯首領的頭銜，率領商業代表團來華朝獻、貿易，因此，波斯雖早已併入阿拉伯哈里發帝國，但它的使團卻不絕於檔冊。下列使團，都以《冊府元龜》記載為據（所記卷數即《冊府元龜》卷數）：

開元五年（西元 717 年）六月，習阿薛般國王安殺遣使朝貢。（卷九七一）

開元七年（西元 719 年）正月，波斯國遣使貢石。

二月，波斯國遣使獻方物。

七月，波斯國遣使朝貢。（卷九七一）

開元十年（西元 722 年）三月庚戌，波斯國王勃善活（Farrukh，西元 712 － 722 年在位）遣使獻表，乞授一員漢官，許之。（卷九九九）

十月，波斯國遣使獻獅子。（卷九七一）

開元十三年（西元 725 年）七月戊申，波斯首領穆沙諾來朝，授折衝，留宿衛。（卷九七五）

開元十五年（西元 727 年）二月，羅和異國（Rishahr）大城主郎將波斯阿拔來朝 [070]，賜帛百匹，放還蕃。因遣阿拔齎詔宣慰於佛誓國王（蘇門答臘室利佛逝國王）。仍賜錦袍鈿帶及薄寒馬一匹。（卷九七五）

開元十八年（西元 730 年）正月，波斯王子繼忽娑來朝，獻香藥、犀

---

[069]　參見波普主編：《波斯藝術綜覽》（A. U. Pope, *A Survey of Persian Art*），第 6 卷，第 2673 頁。

[070]　羅和異位於波斯南部布希爾半島南端。據古代摩西（Moses of Chorene）記述，這裡是波斯灣最佳的珍珠貿易集散地。

牛等。波斯國王（Farrukhān，西元 724 － 731 年在位）遣使來朝賀正。（卷九七一）

十一月甲子，波斯首領穆沙諾來朝，獻方物。授折衝，留宿衛。（卷九七五）

開元二十年（西元 732 年）九月，波斯王（Datburjmihr，西元 731 － 740 年在位）遣首領潘那密與大德僧及烈朝貢。（卷九七一）

開元二十五年（西元 737 年）正月，波斯王子繼忽娑來朝。（卷九七一）

天寶三載（西元 744 年）閏二月，封陀拔薩憚（陀拔斯單，Tabaristān）國王阿魯施多（Khurshid，西元 741 － 762 年在位）為恭化王。唐朝因陀拔斯單保持獨立，不受大食制約，以封王加強邦交。（卷九六五）

天寶四載（西元 745 年）三月，波斯遣使獻方物。（卷九七一）

天寶五載（西元 746 年）三月，陀拔斯單國王遣使來朝，獻馬四十匹。（卷九七一）

七月，波斯遣呼慈國（Keis）大城主李波達僕獻犀牛及象各一。（卷九七一）

閏十月，陀拔斯單國王忽魯汗遣使獻千年棗。（卷九七一）

天寶六載（西元 747 年）二月，封陀拔斯單國王忽魯汗為歸信王，羅利支國王伊思俱習為義寧王，岐蘭國王盧薛為義賓王，涅蒲國王謝沒為奉順王，渤達國王摩俱思為守義王，都盤國王謀思健摩訶延為順德王，阿沒國王俱般胡沒為恭信王，沙蘭國卑略斯威為順禮王。（卷九六五）

四月，波斯遣使獻瑪瑙床。

五月，波斯國王遣使獻豹四。（卷九七一）

天寶九載（西元 750 年）四月，波斯獻火毛繡舞筵、長毛繡舞筵、無孔真珠。（卷九七一）

天寶十載（西元 751 年）九月，波斯蘇利悉單國（Shulistan）遣使朝貢。（卷九七一）

天寶十四載（西元 755 年）三月丁卯，陀拔國遣其王子自會羅來朝，授右武衛員外中郎將，賜紫袍、金帶、魚袋七事，留宿衛。（卷九七五）

乾元二年（西元 759 年）八月，波斯進物使李摩日夜等來朝。（卷九七一、卷九七六）

寶應元年（西元 762 年）六月，波斯遣使朝貢。

九月，波斯遣使朝貢。（卷九七二）

大曆六年（西元 771 年）九月，波斯國遣使獻真珠、琥珀等。（卷九七二）

長慶四年（西元 824 年）九月丙午朔，丁未，波斯大商李蘇沙進沉香亭子材。（《舊唐書‧敬宗本紀》）

薩珊波斯在西元 651 年被阿拉伯滅亡，波斯王族以卑路斯為首投奔長安，之後直到 771 年，各地保持獨立或半獨立的波斯首領仍以波斯的名義率領使團奔波於伊朗與長安之間。這些使團多數屬於貿易代表團，在中國聲響卓著，深受各界歡迎。波斯商人足跡遍及各地，長安、洛陽之外，西北的武威、張掖，東南的揚州、廣州、豫章（南昌），也都時常見到波斯胡人。長安西市有波斯邸，為客商聚集的邸店，兼有交易與貨棧的功能。揚州有波斯店，廣州有波斯村。波斯人以他們的識見、財富統馭了香藥、珠寶貿易。在當時的中國人心目中，波斯人是以智慧（識寶）和闊綽（富裕）見長的國際商人。唐人李商隱《雜纂》卷上「不相稱」條中，列有「窮波斯，病醫人，瘦人相撲，肥大新婦，先生不識字，屠家念經，社長乘涼轎，老翁入娼家」，以為波斯無一人貧窮。長安城中的胡店、胡姬，其中就有波斯店、波斯姬，是首都最吸引各方人士的景象。

二、薩珊錢幣的出土

薩珊錢幣曾被廣泛使用於常年熙來攘往的絲綢之路各地。20 世紀以來，在西起新疆庫車、東至河北定州的中國北方，以及與波斯建立海上貿易關係的廣東地區，陸續出土了 36 批薩珊銀幣，總數達 1,195 枚以上。1915 年吐魯番阿斯塔那古墓和高昌古城首先發現 7 世紀時的薩珊銀幣 4 枚，其中 2 枚未能確定具體時期，另外 2 枚係霍爾木茲四世（Hormizd IV）（西元 579 － 590 年在位）和庫思老二世（西元 590 － 628 年在位）時鑄幣[071]。1950 年代以後，在絲綢之路沿線的 13 個市、縣中續有發現，吐魯番、陝州、太原、西寧、定州、西安、洛陽、銅川、固原等地都曾出土年代不同的薩珊銀幣。1988 年，在山西天鎮縣發現 49 枚薩珊銀幣窖藏，其中 39 枚屬於卑路斯時期制幣。天鎮是北魏都城平城的京畿地區，當時絲綢之路的東端，所以通用薩珊銀幣。廣東英德、曲江、遂溪自 1960 年後也先後出土三批薩珊銀幣，共 32 枚。各地發現的薩珊銀幣，以 1956 年西寧城內城隍廟街出土的卑路斯鑄幣 76 枚（原來過百，後有散失），1959 年新疆烏恰山地區發現的庫思老一世和庫思老二世式樣阿拉伯幣 947 枚，1964 年河北定州北魏塔基出土的伊斯提澤德二世和卑路斯銀幣 41 枚最為可觀。

薩珊波斯的銀幣單位均為德拉克麥（drachma）。華爾克根據 2,000 枚薩珊銀幣得到平均重量是 3.906 克[072]。在中國吐魯番高昌故城中發現的銀幣中，屬於沙普爾二世的有重 4.2 克的，而固原隋墓發現的卑路斯銀幣僅重 3.3 克。

---

[071]　斯坦因：《亞洲腹地》（A. Stein, *Innermost Asia*），倫敦 1928 年版，第 993 － 994 頁。
[072]　華爾克：《阿拉伯、薩珊錢幣目錄》（J. Walker, *Catalogue of the Arab- Sassanian Coins*），倫敦 1941 年版，第 47 頁。

　　中國發現的薩珊銀幣，其中 786 枚鑄於沙普爾二世至伊斯提澤德三世的三百年中，分屬十二個國王鑄造。據夏鼐的研究，數量如下 [073]：

　　沙普爾二世（Shapur II，西元 309 － 379 年在位）14 枚；

　　阿爾達希爾二世（Ardashir II，西元 379 － 383 年在位）14 枚；

　　沙普爾三世（Shapur III，西元 383 － 388 年在位）7 枚；

　　伊斯提澤德二世（Yazdegerd II，西元 438 － 457 年在位）9 枚；

　　卑路斯（Peroz，西元 457 － 484 年在位）136 枚；

　　卡瓦德一世（Kavadh I，西元 488 － 531 年在位）1 枚；

　　詹馬斯波（Jamasp，西元 496 － 498 或 499 年在位）1 枚；

　　庫思老一世（Chosroes I，西元 531 － 579 年在位）5 枚；

　　霍爾木茲四世（Hormizd IV，西元 579 － 590 年在位）1 枚；

　　庫思老二世（Chosroes II，西元 590 － 628 年在位）593 枚；

　　布倫女王（Boran，西元 630 － 631 年在位）2 枚；

　　伊斯提澤德三世（Yazdegerd III，西元 634 － 651 年在位）3 枚。

　　另有「庫思老二世樣式」阿拉伯銀幣 282 枚（其中 281 枚發現於新疆烏恰山中），是阿拉伯奧瑪亞王朝時期波斯各地所仿製的庫思老二世樣式銀幣，直徑 2.3 公分，較 1955 年西安唐墓出土的庫思老二世銀幣（重 4.1克，直徑 3.25 公分）要小，重量僅 1.8 克。奧瑪亞王朝時陀拔斯單仍保持獨立，在西元 711 － 761 年間鑄造「半德拉克麥」，花紋仿庫思老二世樣式，重量僅當半數，直徑也大為縮小。阿拔斯王朝興起後，陀拔斯單雖被消滅，但當地仍繼續鑄造這種輕幣，直至 812 年才告停止。也有將舊時德

---

[073]　夏鼐：〈綜述中國出土的波斯薩珊朝銀幣〉，《考古學報》1974 年第 1 期；《夏鼐文集》下冊，
　　　　社會科學文獻出版社，2000 年版；遂溪縣博物館：〈廣東遂溪縣發現南朝窖藏金銀器〉，《考古》
　　　　1986 年第 3 期。

拉克麥加以剪裁在當地流通的。1928 年在庫車蘇巴什發現的便是這種剪邊銀幣。此外，在中國各地出土的還有仿薩珊朝式的 1 枚（西安），未鑑定的 120 枚（其中第 16 批內的有 97 枚），鏽損未能鑑定的 6 枚，總數 1,196 枚。遼寧朝陽博物館在 2006 年發掘一座石築墓葬，出土 2 枚薩珊銀幣，確認為卑路斯王所鑄 A 式銀幣，係東北地區首次發現 [074]。

　　薩珊王朝歷任國王，以庫思老一世、庫思老二世鑄幣最多。庫思老一世鑄幣地點多達 82 處。該王曾聯合西突厥破滅嚈噠（白匈奴），勢力向東擴展到阿姆河。庫思老一世的銀幣已發現於西至地中海沿岸，東南至印度河流域，南抵阿拉伯半島腹地，北達高加索山區的廣大地區；他的銀幣還在西安附近的銅川和洛陽附近的陝州出土，這是兩國使者和商旅往來的見證。庫思老一世的孫子庫思老二世也曾西侵敘利亞和黎凡特，直抵埃及，貿易興旺，鑄造的貨幣數量極多，鑄幣地點達 120 處之多。阿拉伯奧瑪亞王朝在波斯境內所鑄銀幣都流行「庫思老二世樣式」。這種錢幣曾在新疆烏恰山、吐魯番各地發現，在西安附近亦多次出土，它的出土對於描述隋唐時代由新疆北道經河西走廊進入長安的絲綢之路具有重要的意義。

　　薩珊銀幣自巴赫蘭五世（Bahram V）（西元 420 － 438 年在位）開始在背面加上鑄造地點，以後所鑄銀幣也都遵行此式。摩根統計的鑄幣地點共有 255 處 [075]。中國出土的薩珊銀幣，凡在伊斯提澤德二世以後的都有鑄幣地點的簡寫字母，鑄幣地點都在波斯冬都泰西封以東的各省，分屬米提亞、呼羅珊、法爾斯、庫息斯坦、錫斯坦和克爾曼等省區，都是中國與波斯商旅往來十分頻繁的地區。這些地方鑄造的貨幣沿著絲綢之路流入中

---

[074] 朝陽博物館：〈遼寧朝陽博物館收藏的波斯薩珊王朝銀幣〉，《文物》2013 年第 7 期，第 72 － 74 頁。

[075] 德・摩根：《東方錢幣學手冊》（J. de Morgan, *Manuel de Numismatique Orientale*），巴黎 1936 年版，第 297 － 299 頁。

國是十分自然的事。

在中國出土的薩珊銀幣，有作為儲藏物暫時儲存起來的大宗貨幣，如新疆烏恰山的一批和西寧發現的窖藏貨幣；也有作為墓葬的隨葬物埋入地下的，如吐魯番發現的高昌古墓中，死者口內常放置一枚貨幣，有的是「開元通寶」，有的是拜占庭金幣或仿製品，而以薩珊銀幣為最多。這種風俗在中國自古已有。在先秦時代死者口中含貝，到秦漢時代改為銅錢。吐魯番因地處與波斯貿易的前沿，較多使用薩珊銀幣，因而死者口中也常改含薩珊銀幣。在中國，薩珊銀幣還有用作金銀珠寶裝飾品的，有的出土銀幣鑽有一個或多個小孔，就是用來綴在衣料或帽子上作為飾品的。此外，佛教寺廟舍利塔中出土的薩珊銀幣，是被信徒們用來作為施捨物，以修「功德」而被埋入地下的。長安唐塔出土的 7 枚銀幣，被裝在一個大銀盒中，和骨灰同置於一瓷缽中。銅川隋塔出土的銀幣 3 枚和舍利 3 枚、隋五銖錢 27 枚，以及金、銀、玉環等一起放在塗金銅盒內，被封入石函。定州北魏塔基出土的 41 枚銀幣和 249 枚銅幣、金銀飾物、琉璃瓶、缽，以及珍珠、珊瑚珠、瑪瑙、料珠等同置於一石函中。這種作為珍寶奉獻於佛的習俗來自印度。今日印度賈拉拉巴德和巴基斯坦旁遮普的佛教舍利塔基中發現的舍利函中也有珠寶與貨幣、舍利子同埋的，其中也有薩珊銀幣。

三、伊朗玻璃器

3 世紀以後，薩珊玻璃器，特別是一些富有實用價值的食具開始輸入中國。薩珊玻璃器以它特有的圓形突出球面裝飾和球面磨飾，在東方別樹一幟，中國也成為它的銷售市場。1960 年代，日本東京大學伊拉克、伊朗遺跡調查團先後兩次對伊朗吉蘭州東部的泰拉門遺址進行發掘，從帕提

亞－薩珊時期的墓葬中獲得了一批珍貴的玻璃器。

伊朗高原是古代世界中很早擁有自己的玻璃製造業的地區。西元前1000 年前後，在美索不達米亞的影響下，伊朗從事玻璃珠飾的製造。1 世紀開始，伊朗在羅馬玻璃的影響下開始生產吹製玻璃器皿。薩珊時期，伊朗玻璃製造業欣欣向榮，3 － 7 世紀是伊朗高原玻璃業極為興旺的時期，產品有玻璃珠飾和紡輪，並能製作精美的高級玻璃器皿，產品行銷世界各地。玻璃碗、玻璃瓶是這個時期大量生產的主要器皿。與薩珊朝流行的聯珠紋一致，玻璃製作也在渾樸的造型中採用連續的圓圈作為紋飾。薩珊玻璃在器形和紋飾上自有它獨特的風格。它精湛的磨琢工藝繼承了羅馬玻璃工藝的長處，發展了冷加工的磨琢工藝，在玻璃碗上磨琢凹形球面或突起的凹球面，自然地形成許多個凹透鏡，從這些凹球面可以看到後壁數十個細微的圓圈紋，從而在視覺上呈現出一幅光怪陸離的圖像。薩珊玻璃在羅馬玻璃衰落之後崛起於伊朗高原，為伊斯蘭早期玻璃業的興起奠定了基礎。它的產品風靡世界，西至地中海，東抵朝鮮、日本，都曾是它的市場。

薩珊玻璃碗在西晉墓葬中已有出土，歷東晉、南北朝至隋唐時期，都有不同的發現，它們都可以在伊朗高原吉蘭州的出土物中找到相似的器物。

伊朗吉蘭州的出土物中，包括玻璃碗、瓶、盤及數量可觀的玻璃珠飾和紡輪。玻璃碗都有圓圈形紋飾，可分為四型 [076]：

---

[076] 深井晉司，高橋敏：《波斯玻璃》，淡交社 1973 年。

敘利亞、伊朗出土古玻璃器

1‧敘利亞出土（西元 4－5 世紀）；2、3‧伊朗出土（西元 5－7、8－9 世紀）；

4‧河北景縣封氏墓群出土玻璃杯（約西元 5 世紀）

一型，為凹球面磨飾玻璃碗。在伊朗高原出土最多，流行時間最長。始行於 1 世紀的帕提亞王朝晚期，極盛於薩珊王朝，衰落於伊斯蘭早期，即 8 世紀。據日本學者深井晉司統計，出土有 100 多件。碗的器形可以在同期陶器中見到，是圜底球腹，碗腹用砂輪磨出成排的圓形紋飾，飾面呈凹球面，底部常磨成一個較大的凹球面，近底部一排的圓形飾多在七個左右。碗的大小不一，但以口徑 10－11 公分的中型碗數量最多。根據碗口的不同，又可細分為三式。I 式，口微斂，又可分為薄壁和厚壁兩種，薄

壁通常不超過 0.25 公分。II 式，侈口，斜直壁，多是厚壁。III 式，口外侈，頸部明顯，壁薄易碎。

二型，為突起的圓形凹球面裝飾碗。器形為圜底球腹，斂口，圈足表現為一個直徑較大的突起圓形凹球面，腹部有一排或兩排突出的圓形凹球面裝飾，每排約七個左右。玻璃色澤多為淡綠色和淡褐色，口徑在 10 公分上下，碗壁厚實，腹部圓飾係成形冷卻後磨琢。二型碗數量少於一型碗，約始於 3 世紀，流行於 4 － 5 世紀。

三型，為同心圓裝飾碗。是二型碗的變體，在圓形凹球面裝飾周圍刻出一圈凹槽，形成同心圓。腹部在同心圓紋飾外，常磨出一些輔助條紋。這一類型的碗壁都很厚實。流行於 4 － 5 世紀。

四型，為乳突裝飾碗。通常是無模吹製成形的薄壁碗。侈口，頸微收，腹部和底部有乳狀突起裝飾，圜底。哈桑尼‧馬哈拉（Hassani Mahale）7 號墓出土了一件完整的乳突裝飾玻璃碗，最大腹徑處有九個類矩形乳釘，下腹部有十個細長的龍骨突起，底部有十個小乳突圍成一圈，代替圈足。四型碗的製作工藝與前三型碗不同，前三型裝飾紋樣都由砂輪磨琢而成，四型碗裝飾紋樣是在玻璃爐前趁熱黏貼或鉗夾成型。四型碗流行時間較早，1 － 5 世紀的墓葬都有出土，而以帕提亞王朝晚期最盛。

在中國出土的伊朗玻璃碗，時間不早於薩珊朝，自西晉至北周的墓葬中見有以下幾件：

（1）河北景縣北魏祖氏墓網紋玻璃杯。 1948 年在河北景縣封氏墓群中出土。杯形如碗，廣口、斂腹、平底，色澤青綠，高 6.7 公分，口徑 10.3 公分，足徑 4.6 公分，腹壁下半部有網格紋突起。藏中國國家博物館。據鑑定，屬鉀玻璃製品。

（2）北京西晉華芳墓玻璃碗。1965 年北京市文物工作隊發掘時，把殘片誤認為料盤。1985 年 9 月才由中國社會科學院技術室復原成功。這件玻璃碗圜底、球腹，頸部微收，侈口。高 7.2 公分，口徑 10.7 公分。腹部有十個橢圓形乳釘列成一排，一般高出碗壁 5 公厘，長徑 10 ～ 15 公厘，短徑 5 ～ 11 公厘。底部有七對突起的乳釘，排列成橢圓形，形成圈足。華芳碗通體呈淡綠色透明，含有大小不一的氣泡和條紋，透明度較差。碗壁較薄，為 1 ～ 2 公厘，最薄處在口沿部分。腹部乳釘有明顯的水平條紋，與器身玻璃條紋呈明顯的複合現象。採用無模自由吹製成型，腹部乳釘是趁熱黏貼，底部對刺是在爐邊趁熱用小鉗子挑夾而成。這件玻璃碗屬於吉蘭州玻璃碗中的四型。

（3）大同南郊張女墳北魏墓磨花玻璃碗。1988 年在大同張女墳 M107 出土完整玻璃碗一件，淡綠色透明，有小氣泡。口微侈，圓唇，肩部有兩道陰沿紋形成的寬沿，球腹，圜底。腹部外壁用冷加工法磨出四排內凹的豎式橢圓形紋飾，底部由六個相切的凹圓紋飾組成。口徑 10.3 公分，腹徑 11.4 公分，高 7.5 公分 [077]。這件玻璃碗由無模自由吹製成型，紋飾在成形冷卻後經砂輪打磨而成。

類似大同南郊北魏玻璃碗的製造物曾大量發現於伊朗吉蘭州 3 － 7 世紀的墓葬中，大同玻璃碗出土墓葬群，形成於 398 年拓跋珪由盛樂遷都平城以後，下限在遷都洛陽以後的 6 世紀初 [078]。出土玻璃碗是 5 世紀吉蘭州產品。

鎮江句容六朝墓出土的一件完整玻璃碗也屬同樣的紋飾與工藝。這件

[077]　山西省考古研究所，大同市博物館：〈大同南郊北魏墓群發掘簡報〉，《文物》1992 年第 8 期。
[078]　大同南郊墓葬以永平元年（西元 508 年）元淑墓為最遲，見大同市博物館：〈大同東郊北魏元淑墓〉，《文物》1989 年第 8 期。

玻璃碗在 1985 年出土，侈口、球腹、圜底，頸微斂，碗腹有六排凹球面圓飾相互錯列，形成龜甲形紋飾，採用冷加工磨琢工藝。句容玻璃碗紋飾與日本正倉院收藏的白琉璃碗相似，同樣是薩珊製品，時代亦應在 4 － 5 世紀。

　　1978 年在湖北鄂城五里墩 M121 西晉墓出土玻璃碗殘片，殘片為淡黃綠色，透明度好，有小氣泡。推測是球腹、圜底玻璃碗。碗頸部微收，侈口，口徑 10.5 公分，壁厚 2 公厘左右，腹部有兩條陰弦紋和三排橢圓形稍內凹的紋飾，靠近底部的一排有八個橢圓磨花，上兩排磨花數目不清。底部也有一個直徑較大的圓形內凹紋飾，可以見出磨痕。經中國社會科學院考古研究所化驗，殘片屬鈉鈣玻璃[079]。

尉犁出土玻璃杯

---

[079]　建築材料研究院等：〈中國早期玻璃器檢驗報告〉，《考古學報》1984 年第 4 期。

　　這類薩珊磨花玻璃碗從北魏流入日本。日本檀原千塚 126 號墓（西元 4 世紀末）也出土了器形、紋飾、工藝相同的磨花玻璃碗。千塚 126 號墓碗的口沿和大同南郊北魏墓玻璃碗一樣，由火燒成圓唇。和此不同的是，鄂城碗的碗口沿業已磨平。大同碗和千塚 126 號碗都屬伊朗一型 III 式薄壁碗。

　　薩珊磨花玻璃碗是玻璃器皿中的傑作，也是富有實用價值的珍貴的食具，因而不僅在中國北方深受統治階級上層集團的喜愛，而且沿著長江行銷中國南方，時間之早，還在薩珊波斯使者抵達北魏都城以前。

　　（4）**新疆樓蘭出土玻璃碗及同類玻璃殘片**。20 世紀初，英人斯坦因在樓蘭 L. K. 遺址的 5 — 6 世紀墓葬中發掘了一件淺綠色透明玻璃碗，平底侈口，腹部有三排凹球面的圓飾，靠近底部的圓飾為七個。碗高 5.6 公分，口徑 6.7 公分，底徑 2.4 公分。斯坦因又採集了一批圓形磨花玻璃殘片[080]。1950 年代以後，新疆博物館和新疆考古研究所也收集了不少薩珊玻璃殘片，其中有和田買里克阿瓦提遺址的菱形磨飾玻璃殘片。

　　樓蘭碗的紋飾與製作工藝和日本正倉院收藏的一件被定為 4 — 7 世紀的淡褐色透明玻璃碗相同，和朝鮮慶州皇南洞 98 號新羅墓葬出土的 5 — 6 世紀的玻璃碗類似。慶州碗腹部有六排橢圓形凹球面磨飾[081]，與樓蘭碗同屬一型 II 式。

　　（5）**北周李賢墓出土玻璃碗及巴楚突紋玻璃殘片**。1983 年秋，寧夏博物館在固原發掘北周李賢夫婦合葬墓，出土一件完整的薩珊風格玻璃碗。玻璃為淡黃綠色，含有很小的氣泡，但分布均勻，透明度良好。碗內壁光潔無鏽，外壁主要在下腹部和底部有金黃色的風化層。口沿有水平磨

---

[080]　斯坦因：《亞洲腹地》（A. Stein, *Innermost Asia*），倫敦 1928 年版，第 190 頁，第 199 頁，第 212 頁，第 220 頁，第 224 頁，第 756 頁，第 760 頁。

[081]　韓國國立中央博物館：《新羅雙墳慶州 98 號古墳》，首爾 1975 年。

痕。碗壁厚約 4 公厘，口徑 9.5 公分，高 8 公分，腹深 6.8 公分，下腹最大徑 9.8 公分。外壁突起的圓形紋飾有兩排，上圈 6 個，下圈 8 個，有的呈長橢圓，有的呈扁橢圓。圓飾呈凹球面突起，上下錯落不齊。底部圈足由突起凹球面構成。玻璃碗重 245.6 克，比重 2.46 克／立方公分。經 X 射線螢光分析無損檢測，顯示不含鉛鋇，屬鈉鈣玻璃[082]。

　　李賢墓玻璃碗氣泡小，透明度好，顯示玻璃原料較純，含鐵低，熔製溫度較高。碗腹突起的圓形紋飾與碗壁渾然一體，是由於一次成型，採用了冷加工的磨琢工藝。碗壁厚薄不勻，外壁磨痕明顯。磨琢後的碗通體經過拋光，但有些部位不易被拋光，仍見有磨痕。李賢墓出土玻璃碗與吉蘭州出土物相比，屬於二型，是件厚壁、經過精工製作的有模吹製成型的玻璃碗。這種類型的伊朗玻璃碗在中國的完整出土，李賢墓屬首次。

　　和李賢墓玻璃碗的色澤、工藝和裝飾手法相同的玻璃，有新疆博物館在巴楚脫庫孜薩來遺址佛寺中採集的兩塊淡黃色稍泛綠色的突紋玻璃殘片，根據遺址年代定為 4 － 5 世紀。較大的一塊殘片，長約 6 公分，寬約 4 公分，厚約 3 ～ 4 公厘，是玻璃器腹殘片，上有兩個突起的圓形飾，其一直徑約 3.5 公分，呈凹球面，其二直徑約 0.7 公分，飾面平坦。圓飾高出器壁約 3 公厘。較小的一塊殘片，長約 4 公分，寬約 3 公分，與較大的殘片屬同一器的腹部。上面有兩個突起的小圓紋飾，直徑 6 ～ 7 公厘。兩塊玻璃殘片透明度良好，外壁基本光潔，但可看出曲率不一，有高有低，外壁經過打磨和拋光[083]。

　　在日本，與李賢墓玻璃碗相同的，有沖之島的突紋玻璃殘片，在福岡

[082]　韓兆民：〈寧夏固原北周李賢夫婦墓發掘簡報〉，《文物》1985 年第 11 期；安家瑤：〈北周李賢墓出土的玻璃碗〉，《考古》1986 年第 2 期。

[083]　安家瑤：〈北周李賢墓出土的玻璃碗〉，《考古》1986 年第 2 期。

縣宗像神社沖之島 8 號祭祀遺址出土 [084]。殘片有兩塊，為同屬一件玻璃
容器腹部的淡綠色透明玻璃，內含氣泡，壁厚 3 公厘，外壁有一個突起的
凹球面圓飾，高出外壁 3～5 公厘，與李賢墓玻璃碗紋飾相同，時間定為
5－6 世紀。同屬伊朗吉蘭州二型玻璃碗。

　　中國、朝鮮和日本出土的 5－7 世紀的玻璃碗及殘片，經檢測，都屬
鈉鈣玻璃，並非本地製造。這類玻璃器的形制、紋飾又都見於同時期伊朗
的陶器和石器。圓形或橢圓形凹球面紋飾早在帕提亞時期的陶器上便常
見，突起的凹球面裝飾也流行於帕提亞和薩珊時期瑪瑙、水晶製作的印章
和指環上，因此這類玻璃碗的主產地便是伊朗高原。

　　中國出土的薩珊玻璃器，在上述幾種類型的玻璃碗以外，還有伊朗吉
蘭州 3－7 世紀中生產的細頸香水瓶，在河南洛陽關林 M118 唐墓出土。
這種玻璃瓶翠綠透明，外附很厚的金黃色風化層，細頸，球腹，微凹底。
在 20 世紀初洛陽墓葬中已有出土，現存加拿大安大略皇家博物館。洛陽
細頸瓶可以在吉蘭州出土的細頸瓶中找到它的原型 [085]。洛陽關林細頸瓶
的殘片，經化學分析，屬於鈉鈣玻璃，鎂和鉀的含量較高，與薩珊玻璃接
近，當屬吉蘭州產品。

　　西安何家村 8 世紀前後窖藏中發現的凸圈紋玻璃杯 [086] 也是一件薩珊玻
璃器。玻璃杯平底侈口，無色透明，稍泛黃綠色。口沿下有一條陽弦紋，腹
部有八組縱三環紋，屬吹製成形，圓形紋飾是用熱玻璃條纏成的。玻璃杯與
日本正倉院保存的 7 世紀藍色圓形紋飾高柄杯相似 [087]，當是薩珊朝製品。

---

[084]　《宗像沖之島》，宗像大社復興期成會 1978 年；由水常雄：《東洋的玻璃器》，三彩社 1977 年版，
　　　　第 101 頁。
[085]　深井晉司，高橋敏：《波斯玻璃》，淡交社 1973 年版，圖 34。
[086]　陝西省博物館：〈西安南郊何家村發現唐代窖藏文物〉，《文物》1972 年第 1 期。
[087]　正倉院事務所編：《正倉院的寶物》，朝日新聞社 1965 年版，第 84 頁。

輸入中國的早期伊斯蘭玻璃器，大部分也是伊朗產品。伊斯蘭玻璃繼承了羅馬和薩珊玻璃的工藝，在器形和紋飾上廣泛吸收了波斯傳統產品的優點，到 9 世紀逐步形成別具一格的新穎風格。它生產的刻花玻璃瓶、直桶杯、侈口把杯和玻璃盤都曾行銷中國北方，在長城附近和關中地區多有出土。主要出土物有：

（1）**石榴紋黃玻璃盤**。1987 年在陝西扶風縣城以北 10 公里法門鎮發掘法門寺唐塔地宮時發現大批珍貴文物。地宮封閉於唐僖宗乾符元年（西元 874 年），遺物是唐代皇室遺留的奉獻物。出土玻璃器 20 件，其中玻璃盤 13 件，多屬早期伊斯蘭時期玻璃器，為 9 世紀上半葉製品。據地宮石刻獻物賬，玻璃器大多是僖宗李儇所供奉。這批玻璃器大致都不出 9 世紀，或者是阿拔斯王朝定都薩馬拉時期（西元 838 － 883 年）的產品。石榴紋黃玻璃盤，敞口，折沿，圓唇，淺腹，直壁，平底，內壁黃色，花紋塗黑，口沿外緣飾有一周聯弧紋，腹壁飾兩周弦紋，底部繪有石榴紋飾。底外壁有鐵棒痕。盤高 2.7 公分，外徑 14.1 公分，腹深 2.4 公分。盤的紋飾是在黃底上採用平塗筆法的黑色石榴花苞，形成強烈對比，風格接近在薩馬拉出土的具有中國風采的 9 世紀白地青綠花葉紋碗 [088]。同樣作風的裝飾手法在 9 － 10 世紀曾流行於兩河流域和伊朗。法門寺塔地宮出土的黃玻璃盤就是雙方在玻璃製造業中交流技藝的實物。這批玻璃器對早期伊斯蘭美術具有重要的研究價值。

（2）**十字團花紋藍玻璃盤**。法門寺塔地宮出土的這件珍貴文物，敞口，折沿，雙唇，腹壁斜收，平底，內底心如同黃玻璃盤凸起，底外壁亦有鐵棒痕。內底圖案正中花心為方格紋，方格內刻虛實相間的小斜方格

---

[088] 萊斯：《伊斯蘭藝術》（David Talbot Rice, *Islamic Art*），牛津大學 1975 年版，圖 32。

紋，從中心方格向四方伸展出半圓帶尖花瓣，以纏枝和葡萄葉紋烘托出居中的十字形花。盤高 2.3 公分，口徑 20.2 公分，底徑 17 公分。這種十字形團花可以上溯到西元前 5000 年早期埃里陀（Eridu）彩陶平盤圖案，後期則可在瓦倫西亞的 15 世紀早期西班牙－摩爾式金色閃光釉盤的紋樣中見到演變的痕跡[089]。

（3）**刻花藍玻璃盤**。法門寺塔地宮出土刻花藍玻璃碗有四瓣花紋、八瓣花紋和刻花描金盤各一件，鐫刻技藝成熟，線條流暢自然，是傳世的早期伊斯蘭玻璃器中不可多得的上乘之作。這些花紋均為大約 4 世紀中葉沙普爾二世時期凱希（Kish）I 號宮殿所採用的裝飾款式。凱希宮殿所用的是灰泥泥墁。

（4）**刻花玻璃瓶**。刻花和磨花相仿，同樣用冷加工方法，差別在於刻花用的砂輪直徑較小，形成的圖案線條較細較深，常呈平面或凹面。河北定州北宋五號塔基曾出土 20 件玻璃器皿，經 X 射線螢光分析，其中 8 件係進口的伊斯蘭玻璃[090]。一件刻花玻璃瓶泛淡藍色透明玻璃，表面光潔，頸粗短，折肩，桶形腹，平底。頸部、腹部和底部刻有幾何形花紋，屬 10 世紀伊斯蘭世界流行款式。同類花瓶還出土於安徽無為舍利塔基，建造年代是 1036 年[091]。另有兩件出土的玻璃瓶，形制與刻花玻璃瓶相同，透明度較高，一件壁較厚，約 0.3 ～ 0.5 公分，一件壁薄，約 0.1 公分。浙江里安慧光塔出土一件與定州五號塔基刻花玻璃瓶紋飾相仿的玻璃瓶，瓶頸較長，呈扁平侈口，埋藏年代為 1034 年[092]。德黑蘭考古博物館收藏的納沙布林出土的 10 世紀水瓶，形制與里安玻璃瓶一致，刻花與定

[089]　萊斯：《伊斯蘭藝術》（David Talbot Rice, *Islamic Art*），牛津大學 1975 年版，圖 154。
[090]　河北定縣博物館：〈河北定縣發現兩座宋代塔基〉，《文物》1972 年第 8 期。
[091]　〈出土文物展覽簡介‧無為宋塔出土的文物〉，《文物》1972 年第 1 期。
[092]　浙江省博物館：〈浙江里安北宋慧光塔出土文物〉，《文物》1973 年第 1 期。

州玻璃瓶完全屬同一風格。定州玻璃瓶年代早，器形大，經 X 射線螢光分析，是鈉鈣玻璃，屬伊朗產品。

（5）**深藍細頸玻璃瓶**。定州五號塔基出土深藍色透明玻璃瓶，呈長球形腹，圜底，不能豎放，頸部有旋轉的紋路，爆口，係無模自由吹製成型。在伊朗東部納沙布林遺址，曾多次發現 9 — 10 世紀的同類產品，細頸，折肩，腹部細長，圜底 [093]。定州細頸瓶經 X 射線螢光分析是鈉鈣玻璃，含一定量的鉀。這種瓶子是裝香水或香藥用的，平時置於囊中。伊斯蘭世界所用的灌注大食薔薇水的玻璃瓶就是這種細頸玻璃瓶，在宋代曾屢見記載。

（6）**直桶杯**。定州五號塔基出土兩件直桶杯。一件藍色透明，上腹部有白色風光層，桶形直壁，平底，口沿部燒口成圓唇。另一件無色透明，器形、工藝均與前一件相同，但杯較小。同樣的直桶杯在伊朗科爾干 9 — 10 世紀的遺址中有發現，但定州直桶杯沒有刻花，玻璃成分經 X 射線螢光分析確定是鈉鈣玻璃，含有一定量的鉀。

（7）**綠色把杯**。遼寧朝陽姑營子村遼代耿延毅墓出土一件深綠色透明把杯 [094]，器型屬伊斯蘭世界所獨有。口部粗直，微鼓，肩部突出，腹部扁形下收，圈足。口與肩部之間有一扁圓把手，把的上端有一上翹的短柱。這種把端上翹的柱形器見於 9 — 11 世紀西亞伊斯蘭世界的玻璃器、金屬器和陶瓷器。同類玻璃杯曾出土於伊朗科爾干遺址。日本正倉院藏白琉璃瓶，把的上端也有短柱，因此被確定為伊斯蘭玻璃。

（8）**金蓋鳥形玻璃瓶**。遼寧朝陽北塔天宮在 1988 年出土鳥形金蓋玻

---

[093]　烏斯：《紐華克博物館藏古玻璃》（Susan H. Auth, *Ancient Glass at the Newark Museum*），紐澤西 1976 年版，第 166 頁；安家瑤：〈中國的早期玻璃器皿〉，《考古學報》1984 年第 4 期。
[094]　朝陽地區博物館：〈遼寧朝陽姑營子遼耿氏墓發掘報告〉，《考古學集刊》第 3 集，中國社會科學出版社 1983 年版。

璃瓶一件 [095]，器形完整，圈足，卵形腹，細頸，口似鳥首，上安子母口式金蓋，柄上的短柱似鳥尾。瓶高 16 公分，腹徑 8.5 公分。瓶內立一長頸弧腹小瓶。該瓶形制奇特，通體呈淡綠色，輕薄透明，是伊朗玻璃珍品。北塔地宮題記有遼興宗重熙十二年（西元 1043 年）重修字樣，玻璃器是 11 世紀初期製品。

（9）**乳釘紋黃色玻璃盤**。朝陽姑營子村耿延毅墓出土物中的黃色玻璃盤，器形普通，疊沿外捲，腹壁陡直，但腹壁有凹凸的乳釘紋。發掘報告稱這種紋飾是凹凸均勻的編織紋，酷似柳條筐籠紋樣，是中國玻璃中所未見的，應是伊斯蘭時期伊朗產品。

伊朗玻璃器自 3 － 11 世紀行銷中國，在北方尤其常見。伊朗玻璃對中國西晉至北宋年間玻璃工業的興起具有重大的催化作用，在生產技術、工藝水準和地域分布方面都表現出強烈的影響。

中國早期玻璃製造吸收了羅馬玻璃工藝的特點。從北魏起，玻璃器皿的製造普遍採用無模吹製法，其中也有伊朗玻璃製造系統的技術因素。隋代從鉛鋇玻璃轉向含氧化鉛 60% 的高鉛玻璃，正是為了更好地適應無模吹製。隋代政府利用何國（Koshania）移民後裔何稠的廣博知識，成功製造名為「綠瓷」、「與真不異」的綠玻璃器皿。何稠在開皇初年官居都督，升任御府監、太府丞，是個精通波斯工藝的能工巧匠，在仿製波斯錦和重建玻璃業成功後官封員外散騎侍郎。出土的五批十三件國產玻璃器皿，其中十二件就是綠玻璃，只有一件是藍色小杯。它的樣本就是真品的伊朗玻璃器。何稠的伯父何妥任國子祭酒，是個中亞人士。何稠的祖父自國外移居成都，在武陵王紀門下管理財務致富，號稱西州大賈。透過何稠，伊朗工藝與中國傳統玻璃技術合成一體，開始了北方玻璃業的新紀元。

---

[095]　朝陽北塔考古勘察隊：〈遼寧朝陽北塔天宮地宮清理簡報〉，《文物》1992 年第 7 期。

　　薩珊玻璃技術和原料配製法推動了中國北方鈉鈣玻璃的生產。由於使用了鐵棒技術，中國玻璃製造步入一個效法西亞玻璃製造工藝的階段。最有代表性的器皿見於西安郊區隋代李靜訓墓出土的八件完整的玻璃器[096]，其中四件（藍色小杯、綠色小杯、無頸瓶、綠扁瓶）底部有採用鐵棒技術留下的疤痕，兩件玻璃小杯（高 2.4 公分，口徑 2.8 公分）與無頸瓶，經 X 射線螢光分析為鈉鈣玻璃。相似器形的玻璃小杯已見於隋代姬威墓，也常見於隋代瓷杯，與伊朗口徑在 10 公分以上的玻璃杯的器形差別很大，是中國自製的鈉鈣玻璃。無頸瓶多氣泡和雜質，原料中含鐵量偏高，比進口的鈉鈣玻璃要差，底部鐵棒疤痕深凹，反映出技術的不熟練。玻璃品質不穩定，原因是熔製鈉鈣玻璃的技術不純熟，鐵棒技術也屬初次應用[097]。這兩項技術在唐宋時代的玻璃製造中已較多地被使用。扶風法門寺塔地宮出土茶托，鐵棒遺痕明顯，工藝技術已漸臻成熟。

　　伊朗玻璃製造技術透過中亞在新疆立足，使 10 — 14 世紀新疆有了當地生產的鈉鈣玻璃。這種鈉鈣玻璃熔製品質粗糙，沒有紋飾，氧化矽和氧化鈉的含量較低，氧化鉀、氧化鎂和氧化鋁的含量高於伊朗的鈉鈣玻璃，推測是利用新疆普遍易得的土硝做助熔劑而生產的[098]。新疆烏魯木齊市博物館收集的玻璃殘片，有若羌瓦石峽遺址的發掘品[099]，和田葉城錫提牙遺址出土的淡綠色玻璃殘片，伊犁元代阿力麻里古城遺址的綠色玻璃殘片，喀什木爾吞木遺址的暗黃色半透明玻璃殘片，均屬於宋元時期，都是鈉鈣玻璃，外貌和成分也都相似。新疆在宋元時期的玻璃製造明顯地受到中亞和伊朗同行的影響。

---

[096]　中國社會科學院考古研究所：《唐長安城郊隋唐墓》，文物出版社 1980 年版，第 22 — 23 頁。
[097]　安家瑤：〈中國的早期玻璃器皿〉，《考古學報》1984 年第 4 期。
[098]　安家瑤：〈中國的早期玻璃器皿〉，《考古學報》1984 年第 4 期。
[099]　張福康等：〈中國古琉璃的研究〉，《矽酸鹽學報》第 11 卷第 1 期。

四、工藝與美術的交流

薩珊波斯的工藝繼承了安息時代以來的某些希臘、羅馬風格，而更以波斯民族工藝為特長，在金銀器、玻璃器、陶器、石膏、石雕、銅器、珠寶首飾、織物等領域取得輝煌的成就。在薩珊波斯統治的東部地區，古代巴克特里亞的希臘技藝繼續在新的背景下求取生存，這使得薩珊波斯的工藝和美術長期接受了希臘、羅馬格調的表現方式。而在西元 430 年代末，薩珊波斯與南下吐火羅的嚈噠人發生衝突，從此雙方展開了一個多世紀的戰爭。薩珊波斯在它的東部邊境的工藝製造上留下了許多嚈噠的烙印，並向中國擴散。

1・金銀器

最早的薩珊金銀器是作為珍貴的禮品被送往北魏都城平城（今山西大同）的。西元 398 — 493 年間，北魏在這裡建都，波斯的使者也活躍在北方的這一通都大邑。1970 年，大同南郊墓葬出土了一件海獸紋八曲銀洗（長杯），口徑 23.8 公分，高 4.5 公分。銀洗呈八曲橢圓形，底部鏨刻海獸紋，是薩珊產品[100]。同一處窖藏出土三件鎏金高足銅杯和一件鎏金銀碗，薩珊波斯與希臘、嚈噠風貌互相摻和，可能是在阿富汗或薩珊東部製作的。銀碗形制是安息時代便有的圜底碗[101]，侈口，頸微束，碗腹有四組忍冬紋與爵床植物紋飾組成的圖案，將器壁等分為四，中間各有一兩道圓弧組成的圓環，環內捶雕的人物頭像是男子的側面，鼻高額寬，波狀髮，前後修剪勻稱，戴圓形瓜皮小帽，頭髮外露。這種碗也曾由嚈噠統治時期的撒馬爾罕製作，被收藏在聖彼德堡的埃爾米塔什博物館。只是人物

---

[100]　孫培良：〈略談大同市南郊出土的幾件銀器和銅器〉，《文物》1977 年第 9 期。
[101]　波普主編：《波斯藝術綜覽》（A. U. Pope, *A Survey of Persian Art*），第 7 卷，圖 137。

所戴帽子足以覆蓋整個頭部，與大同銀碗上人物的帽子僅壓在頭頂中央略
有不同。因此還不足以論定大同此碗是嚈噠製品。[102]

薩珊朝阿那希女神銀壺

北周銀壺與羅馬銀壺

（左）李賢墓銀壺（右）羅馬銀壺

　　1988 年冬，大同南郊張女墳北魏墓群又出土了一件形制相仿的鎏金
刻花銀碗[103]。銀碗同樣侈口，口沿以下微斂，圓腹，圜底，口沿下及上
腹邊緣均飾有細小的聯珠紋，碗腹以爵床屬葉紋將全碗等分為四，當中有

---

[102]　孫機：〈固原北魏漆棺畫研究〉，《文物》1989 年第 9 期。
[103]　山西省考古研究所，大同市博物館：〈大同市郊北魏墓群發掘簡報〉，《文物》1992 年第 8 期。

一雙弦圓環，內有一形態相仿的男子側面像，男子深目高鼻，長髮垂肩。此碗口徑 10.2 公分，高 4.6 公分。同墓出土的刻凹圓紋的玻璃碗是薩珊製品。銀碗所用爵床紋在薩珊時期被廣泛採作銀器、料器和石刻的紋飾。著名的塔克·伊·波斯坦岩窟石雕也曾將這類花紋作為主要紋飾，是富有王家氣度的裝飾手法。銀碗中的免冠男像，或者就是塔克·伊·波斯坦所供奉的薩珊王卑路斯。

　　年代稍晚於大同銀碗的薩珊銀器，有 1981 年大同所出北魏景明二年（西元 501 年）封和突墓的銀盤[104]，1983 年寧夏固原南郊北周李賢夫婦墓出土的鎏金銀壺[105]，風格相仿，都有希臘羅馬風，同時又具有明顯的薩珊藝術特徵。廣東遂溪窖藏銀碗，為花口圈足碗，相當於南朝時物[106]。封和突墓銀盤屬於 4 世紀下半葉至 5 世紀末的製品，鎏金銀壺約為 5 — 6 世紀之交的產品。李賢墓銀壺高 37.5 公分，是具有鴨嘴狀流的長頸瓶，上腹細長，下腹圓鼓，最大腹徑 12.8 公分，單把高圈足座，座高 8 公分。這種採用喇叭形圈足的鴨嘴單把長頸壺興起於 1 世紀的羅馬帝國，4 — 5 世紀時再度復興，出現了帶節的並以聯珠紋裝飾的高圈足銀器，5 — 7 世紀曾流行於中亞，見於烏茲別克的巴拉雷克節別壁畫。6 — 7 世紀以後，中國也出現了這種形制的銀盃。李賢墓銀壺腹部三組圖畫，都像薩珊同類銀壺所表現的內容，屬於奉獻給豐收女神阿那希的圖像。這類銀壺的一個突出特徵是：壺頸腹相接處，壺腹與高圈足座相接處，以及足座下部，分別焊鑄數目不等的高浮雕聯珠紋。李賢墓銀壺的這些聯珠，上部是 13 個，下部是 11 個，底部是 20 個。聖彼德堡埃爾米塔什博物館收藏的這類

[104]　夏鼐：〈北魏封和突墓出土薩珊銀盤考〉，《文物》1983 年第 8 期。
[105]　吳焯：〈北周李賢墓出土鎏金銀壺考〉，《文物》1987 年第 5 期。
[106]　陳雪愛：〈廣東遂溪縣發現南朝窖藏金銀器〉，《考古》1986 年第 3 期。

銀壺共五件，其中三件被定為薩珊製品，兩件屬於「薩珊後」製品。李賢墓銀壺形制與其中的兩件相仿。因李賢墓銀壺壺柄上部飾有一高鼻戴嚈噠式小帽的人物頭像，因而有認為該壺為嚈噠統治區製作的。但李賢墓銀壺的薩珊特徵明顯，人物像類似中亞式樣，有可能是薩珊東部製作的，是以適應外銷的需要而採用的一種款式。

2・角杯

　　波斯式樣的角杯原名來通（Rayton），6 － 7 世紀時流行於北齊、隋、唐統治下的中國北方。美國波士頓藝術博物館收藏的安陽出土北齊畫像石上，一群人在葡萄蔭下聚集飲酒，為首者高舉牛首角杯，此杯或為銀質，或為瓷製，形制與加拿大多倫多安大略博物館收藏的白瓷牛首杯相仿，杯上並有波斯風格的忍冬紋。北齊畫像石上的飲酒者均戴鮮卑式氈帽，舉杯的方式是以牛首對飲者，杯口向上。這類角杯為後期角杯的演化。與白瓷牛首杯相同的白瓷獅首杯（大英博物館藏），特點是杯口呈八曲侈口，與波斯原型已大不一樣。但這類牛首角杯，與美國克利夫蘭藝術博物館收藏的牛首銀角杯形制極為相似。銀角杯長 14.2 公分，與 1970 年西安南郊何家村唐代窖藏出土的瑪瑙獸首角杯尺寸相近。何家村瑪瑙獸首杯，長 15.5 公分，高 6.5 公分，以醬紅地纏橙黃夾乳白色縞帶的瑪瑙琢成。上口近圓形，下部獸首如牛，而頭上有兩隻彎曲的羚羊角。獸首口鼻部裝有籠嘴狀的金帽，卸下後可見內部有流，酒可自流中洩出。通體光亮晶瑩，為中國的孤品。角杯上部呈扁長形施展，杯口與獸首的牛角端處於同一平面。克利夫蘭藝術博物館收藏的銀角杯，形制與上述角杯相仿，只是銀角杯口緣更有一圈薩珊式聯珠紋飾，牛首並有翼形鬃毛，鬃毛上部則有奔馳的瘤牛、羚羊等神獸。西安何家村瑪瑙獸首杯應是一件窖藏主收藏已久的藝術

珍品，製作年代應當在 6 世紀左右。

　　7 世紀末，波斯角杯在中國已漸被三彩把杯所替代。代表作有西安南郊唐墓出土的三彩象首杯。象首利用上捲的鼻製作把柄，杯形仍有角杯體制，但下端已無洩水孔。把杯也自西方移植，可圖像雕鏤全係中國唐風[107]。寶雞石鼓山西周墓在 2012 年發掘的 M1 墓中，出土西周早期的亞共庚父丁尊一件，右腹外有半圓形鋬，飾圓雕牛首紋。1995 年河南登封告成春秋墓出土物中有銅把手杯。洛陽苗灣和湖北十堰市鄖陽區李徽墓出土的三彩龍首杯，更加具有中國式把杯的形貌。李徽葬於嗣聖元年（西元 684 年）。這類獸首把杯的出現，顯示了波斯式樣的角杯最後已在中國社會中消失。

唐代白瓷獅首杯
（大英博物館藏）

---

[107]　陝西省博物館編：《陝西省博物館》，文物出版社 1983 年版，圖 87。

銀角杯

（美國克利夫蘭藝術博物館藏）

唐代瑪瑙獸首杯（西安何家村出土）

3·繪畫

在六朝、隋唐時期，薩珊藝術是除羅馬、印度之外對中國藝術風格具有重大影響的外來藝術。來自伊朗東部的一些畫師首先進入新疆，在 3 — 4 世紀的米蘭壁畫中留下了他們創作的色彩鮮明、具有線形白描手法的波斯畫風。後來這種畫風在 6 — 8 世紀的新疆石窟壁畫中又再顯身手，構成了龜茲藝術的基本格調。拜城克孜爾千佛洞中的畫師洞、海馬洞都是 6 — 7 世紀的作品，庫木吐拉騎士洞壁畫是 7 — 8 世紀之作，克孜爾千佛洞中的摩耶洞騎士壁畫則已晚到 8 世紀上半葉，畫題雖是印度佛教故事，但畫風與騎士服式則全屬伊朗色彩。克孜爾千佛洞的穹隆天井（藻井）採用菱形鱗狀交疊圖案畫出人物、動物、樹木，在新疆風行於 6 — 7 世紀的石窟藝術中。

薩珊朝忍冬紋

（上）絲織品（下左）銀壺蓋（下右）塔克‧伊‧波斯坦石刻

　　吐魯番哈拉和卓高昌故址的摩尼教寺院壁畫都屬薩珊式白描線畫，色調也以白色為主，自然有當地畫家的參與，在 7 － 8 世紀時主宰著天山南麓東部地區的繪畫藝術。其中最有價值的有 20 世紀初發現的表現摩尼和其隨從高僧的壁畫（今藏柏林印度藝術博物館），同一時期在吐魯番柏孜克里克千佛洞發現的表現摩尼教施主的壁畫（今藏柏林印度藝術博物館），以及在柏孜克里克第 17 窟發現的三干樹摩尼教壁畫，在高昌故址出土的表現摩尼教男女選民（僧侶）的絲畫，繪有摩尼教徒進行懺悔、末日審判的摩尼教經書殘葉的細畫和在摩尼教寺院旗幡上的各種繪畫，都有濃重的伊朗畫風。20 世紀初出土於此地的摩尼教經書扉頁上有摩尼教樂師和忍冬、捲草花飾，樂師服裝全為薩珊束腰袍褲。在一頁摩尼教抄本上，左邊繪有二幀神像，其一穿著伊朗式大翻領服，右邊的說中古波斯語，據翻譯是：「這些高貴的施主，還有那些我沒有提到名字的施主，願他們的身體和靈魂共生，願他們從本經中得獲應得的功德。阿門！」

173

南北朝忍冬花紋

1．雲岡石窟第 9 窟前室北壁浮雕（西元 484 － 489 年）

2．雲岡石窟第 10 窟前室北壁浮雕（西元 484 － 488 年）

3．雲岡石窟第 12 窟前室北壁浮雕（西元 5 世紀末）

4．東魏天平二年（西元 535 年）石灰岩三尊佛立像（日本藤井有鄰館藏）

5．河南南陽賈家沖畫像磚墓忍冬花紋磚（蕭梁）

6．河南南陽賈家沖畫像磚墓忍冬花紋磚（蕭梁）

4·聯珠紋飾

薩珊波斯流行的聯珠式鳥獸圖樣或聯珠紋，於 5 世紀末進入中國，6 — 7 世紀風行一時，至 9 世紀中葉尚有其餘緒。聯珠紋作為裝飾圖樣可以上溯到前 800 年胡爾西巴德的薩貢王宮小廳堂壁畫。壁畫有上下兩行長翅膀的人物組成，底邊用聯珠紋作邊飾，在圖形的上部有兩道圓拱門，最外邊的一圈也用同樣的聯珠作裝飾[108]。但聯珠紋作為太陽崇拜的象徵而普遍流行則要到薩珊時期了。在中國新疆和甘肅，聯珠紋見於壁畫、雕塑、陶瓷、絲織品中，同時也在 6 — 7 世紀內地的金銀器、玻璃器中作為新穎的紋飾而被採用。克孜爾千佛洞壁畫中有聯珠紋圖像，以聯珠綬帶立鳥為最典型。在雕塑藝術中，例如克孜爾麒麟窟佛像的座身是石雕的聯珠紋麒麟。在甘肅，聯珠紋也用於敦煌 420 窟西壁菩薩塑像裙上的紋飾和敦煌 220 窟東壁維摩變中的帷屏裝飾。陝西三原縣雙盛村李和墓（西元 582 年）石棺蓋上的淺雕也使用了這種波斯紋飾。在石鞋和裝飾藝術上，經過中國工匠的巧妙演化，薩珊式樣的忍冬、捲草紋飾已融合成中國民族式樣。北魏時期的桃形飾是忍冬紋的一種變種。到了明代，忍冬紋有了一個新的名字叫雞心，浙江紹興收藏的永樂青花雞心碗內側以雞心忍冬紋連環展開，同一地方收藏的青花瓷盤上的花紋也是忍冬的變異[109]。

在金銀器製作中，聯珠紋與捲草紋都被當作外來的新穎風格而進入藝術意象。西安何家村出土的仕女狩獵紋八瓣銀盃就採用聯珠唇，喇叭形八稜圈足，足沿也飾以一周聯珠。西安何家村出土的掐絲團花金杯則將聯珠

---

[108]　尼阿瑪特·伊斯梅爾·阿拉姆：《中東藝術史·古代》，朱威烈、郭黎譯，上海人民美術出版社 1985 年版，第 207 頁，圖 196。
[109]　王佐才，楊小農：〈介紹三件明代青花瓷器〉，《文物》1993 年第 12 期，圖版捌。

變為腹部四朵薔薇團花邊緣的小金珠[110]，可說是中國工匠吸收聯珠紋後的一種新創造。

9世紀，中國工匠製作的銀器（小到銀箸）也用聯珠為飾。扶風法門寺塔地宮出土鎏金四出花紋銀箸一雙，箸上段鏨飾四出團花，魚子紋地，以弦紋和聯珠紋為欄界，紋飾鎏金。同一地點出土的兩件玻璃杯腹壁外鼓，壁面裝飾以菱紋為中心的五組花紋，各組之間以兩豎行聯珠紋相隔，是國產玻璃杯採用聯珠紋的實例。

聯珠紋金銀飾物長期為中國上層社會人士所愛好，因而不斷輸入內地。1987年寧夏固原隋代驃騎將軍史射勿墓中出土鎏金桃形飾，外沿便以聯珠紋為飾，中央鑲嵌貝飾、寶石、綠玻璃，正是這類輸入物。同墓出土條形鑲嵌珍珠與玻璃珠銅飾，殘長9公分，條飾一邊亦是流行的聯珠紋，中心嵌有圓形白色珍珠，另一邊為菱形與橢圓形相間，嵌有玻璃珠。1981年，洛陽伊川水寨唐墓出土高足銀盃一件，腹部捲草紋，底部鍛印聯珠紋一圈，亦是薩珊式器。埋入年代較晚的薩珊式銀執壺，有1975年在內蒙古敖漢旗北部早期遼墓中出土的一件帶柄銀扁執壺，底部外緣有聯珠一周。

與以上這些伊朗式金銀器飾同時輸入中國的還有鑲寶金戒指。這類環狀鑲寶戒指在固原隋代史射勿墓中有出土，最大徑2.9公分，鑲嵌物已不存，重30.2克。同類戒指早見於河北贊皇東魏李希宗墓、固原北周李賢夫婦墓，為中國北方民間時興的一種裝飾品。

安史之亂以後，中國製造的金銀器開始擺脫過去仿照薩珊式八稜帶柄杯、高足杯、帶柄扁執壺和多瓣橢圓盤的式樣，而改用傳統的碗、盤、盒、壺的樣子，同時在花紋中大量運用引進的捲草、忍冬、爵床屬紋

---

[110]　韓偉：〈從飲茶風尚看法門寺等地出土的唐代金銀茶具〉，《文物》1988年第10期，圖一八。

飾[111]；在器形的型式上，將喇叭式圈足、帶柄飾件等來自伊朗和西亞的藝術特徵融合其中。

西安何家村出土唐代掐絲團花金杯

鎏金聯珠桃形飾（陝西固原隋代史射勿墓出土）

聯珠蓮花條形銅飾（陝西固原隋代史射勿墓出土）

---

[111]　平山縣西生溝 1964 年出土唐代葵花式寶相花紋銅鏡，用四面不同的團花裝飾，紋飾為葡萄、蓮花、爵床紋，設計精巧，為唐式銅鏡中的精品。《河北省出土文物選集》，文物出版社 1980 年版，圖 331。

五、民俗和競技

　　伊朗和中亞的商人、移民成群結隊進入中國北方，開始對當地社會習俗、宗教信仰產生影響，在 5 世紀末北魏拓跋政權遷都洛陽後步入新的時期，使中國北方人在對人世和來世的觀念上，除佛教、道教教義以外，更有胡天信仰關於善惡、光明與黑暗的內容。墓葬制度的變化，反映出文化面貌的變革。西北地方，在北魏早期便已流行斜坡墓道，並有過洞、天井的土洞墓。寧夏固原彭陽新集北魏墓是較早的一座 [112]，後為北朝沿襲，如河北贊皇東魏李希宗墓 [113]、寧夏固原北周李賢夫婦墓。隋、唐時期，以西安為中心的地區普遍流行長墓道、多天井的土洞墓。

　　5 世紀開始出現在北方墓葬中的鎮墓獸是伊朗和西亞地區翼獸藝術與文化傳統的流傳。這類鎮墓獸陶俑與其他陶俑一起合葬，往往出現在一些出身隴西，或有中亞血統、胡天信仰和深染胡風的高層人士的墓葬中，以洛陽為中心向北方各地輻射，流風所及東被冀、魯。鎮墓獸在 6 － 7 世紀中常見於黃河中下游地區，到 720 年代，即唐玄宗開元年間方退出社會。這一段時間也正是薩珊波斯通使洛陽，及其王室後裔流亡長安的時期，因此這一風氣的出現也與波斯文化的東進關係至深。

　　在以關中為代表的西部地區的西晉、十六國時期墓葬中，鎮墓獸和武士俑還很少見。北朝陶俑一般包括兩件鎮墓獸，兩件鎮墓武士俑。北朝晚期以後，鎮墓獸多作匍匐狀。太安五年（西元 459 年）陝縣令韋君墓出土鎮墓獸兩件，類同於西晉以後四足行走狀、背脊長刺翹伸的形狀，呈現俯首蹲踞狀態。而在中國東部地區，北魏以後的鎮墓獸通常是一件人面、一件獅面，作蹲坐狀。

---

[112]　寧夏固原博物館：〈彭陽新集北魏墓〉，《文物》1988 年第 9 期。

[113]　石家莊地區文化局文物發掘組：〈河北贊皇東魏李希宗墓〉，《考古》1977 年第 6 期。

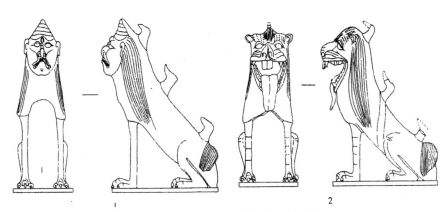

河南偃師前杜樓北魏石棺墓出土鎮墓獸

　　東部地區早期陶鎮墓獸為形制簡樸的人面獸身蹲坐式俑。河北曲陽嘉峪村在 1964 年發現北魏營州刺史韓賄的妻子高氏墓。這座墓於孝明帝正光五年（西元 524 年）建造。墓主屬於皇親國戚，墓主妹妹是孝文帝的文昭皇后，姪女即宣武帝的皇后，因此該墓頗具規模。墓中有隨葬陶武士俑、陶胡俑、陶女俑和兩件陶鎮墓獸。鎮墓獸製作樸素而圓鈍，均作蹲坐式樣，背部呈一斜線，背上均有三簇火焰式捲毛。一件獸形，張口欲噬，高 28 公分；一件人面，頭戴尖頂胡帽，鬚髮成簇，前肢作五指狀，高 27.5 公分 [114]。這種鎮墓獸深受洛陽胡風的影響。

　　2005 年在河南洛陽偃師前杜樓發掘的北魏石棺墓是一座西元 520 年代的非宗親貴族墓。墓內發現兩件鎮墓獸，一件人面獸身，戴尖頂胡帽，背部有三道藍彩脊刺，高 26.3 公分；另一件獅面獸身，張口吐舌，面目猙獰，背上有三道脊刺，舌塗紅彩，背部及脊刺施藍彩，高 24.2 公分。墓室東西寬 3.8 公尺，南北長 3.7 公尺，屬四方形 [115]。

[114]　河北省博物館、文物管理處：〈河北曲陽發現北魏墓〉，《考古》1972 年第 5 期，圖版拾壹，圖 1，圖 2。
[115]　洛陽市第二文物工作隊：〈偃師前杜樓北魏石棺墓發掘簡報〉，《文物》2006 年第 12 期。

　　同一作風的鎮墓獸，以更為圓鈍的表現手法出現在山西太原南郊北齊壁畫墓中。該墓在 1987 年出土鎮墓獸兩件，形制質樸。一件人面，頭戴尖頂兜鍪，絡腮鬍鬚捲曲；另一件獅首蹄足。兩件高 33.5 公分 [116]，表現出濃厚的伊朗文化氣息。

山西太原南郊北齊壁畫墓鎮墓獸

　　鎮墓獸在山東出現的歷史同樣悠久。據 1973 年山東壽光李二村賈思伯墓出土的墓誌及《魏書》、《北史》本傳，賈思伯（西元 468 － 525 年）歷任兗州刺史、涼州刺史、太常兼度支尚書、殿中尚書等職，並任侍讀，講杜氏《春秋》於顯陽前殿。孝昌元年死於洛陽，同年歸葬青州。賈思伯墓出土陶鎮墓獸一件，獸面高鼻瞪眼，頭長獨角，一如瘤牛，背上火焰形豎毛，既高又尖，蹲坐在底板上，高 23.6 公分。墓誌說賈氏「齊郡益都縣釣臺里人也。其先乃武威之冠族」。賈思伯出身隴西，卒於洛陽，歸葬山東，因此山東墓葬中出現鎮墓獸。

　　與賈思伯相仿，出身隴西、歸葬山東的墓主的墓葬，還有臨淄（今淄

---

[116]　渠川福：〈太原南郊北齊壁畫墓〉，《文物》1990 年第 12 期。

博市臨淄區）大武鄉窩托村南黃山北麓的崔氏墓葬群，是北魏官僚崔鴻及
其族人的墓地。崔鴻曾修北魏高祖、世宗起居注，撰作《十六國春秋》。
他的長子崔混，字元子（三號墓），墓中出土有陶鎮墓獸一件，人首獸
身蹲坐，背有三撮火焰形短鬣毛上豎，尾上翹，高僅 21.2 公分 [117]。崔混
（西元 505 － 538 年）於天平年間反對北魏政權，被他叔父崔鴨所殺。

山東壽光北魏賈思伯墓鎮墓獸

　　放置鎮墓獸不僅是傳揚京都文化的行為，也顯示墓主曾位居北魏或其
後北朝京官、貴戚。在河北河間南冬村 1972 年發現的東魏墓和山西太原
西南郊沙溝村 1980 年發現的隋代斛律徹墓的鎮墓獸，都是卒於洛陽的高
官後來歸葬家鄉時置於墓中的。墓誌載斛律金、斛律明月、斛律武都、斛
律徹四代歷仕北齊、北周與隋朝，世襲王公。所出鎮墓獸，一件人面，高
40.9 公分；一件獸面，高 39 公分。人面鎮墓獸戴尖頂胡帽。引人注意的
是，兩件鎮墓獸身上的鬣毛具有更顯明的雙支火舌的裝飾手法，形成火焰
的狀貌。這和原本朔州敕勒人的斛律氏的宗教信仰應有關係。突厥事火，
信奉胡天，而斛律氏歷代顯貴。曾祖斛律金受封咸陽忠武王，死後受賜假

---

[117]　山東省文物考古研究所：〈臨淄北朝崔氏墓〉，《考古學報》1984 年第 2 期，圖版貳壹，圖 2。

黃鉞。祖斛律明月官齊左丞相，受封咸陽嗣王，周贈使持節、上柱國、恆朔趙安燕雲六州刺史、崇國公。父斛律武都尚義寧公主，除駙馬都尉、特進、開府儀同三司，任西兗、梁、東兗三州刺史，太子太保，周贈使持節、懷平郡三州刺史。斛律徹本人在隋代蒙除使持節儀同大將軍，襲崇國公[118]。不難見出，此類火焰形背光的鎮墓獸實出於胡天信仰，是一種波斯文化的表露。

　　2005 年，陝西潼關稅村發現一座隋代高等級壁畫墓（墓誌已被盜），墓室平面近圓形，南北長 5.72 公尺，東西寬 5.94 公尺，墓室四壁壁畫已脫落，保存有內層頂面壁畫。隨葬有大批武士俑、騎馬俑、立俑、勞作俑和動物俑。出土兩件鎮墓獸，一件獅形，頂生雙角，背有三脊刺，高 30公分；一件人面獸身，高 32 公分。兩件均通體繪紅，黑色彩繪面部，身體局部貼金[119]。

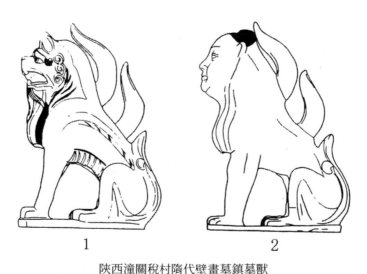

陝西潼關稅村隋代壁畫墓鎮墓獸

[118]　朱華，暢紅霞：〈太原隋斛律徹墓清理簡報〉，《文物》1992 年第 10 期。

[119]　劉呆運等：〈陝西潼關稅村隋代壁畫墓發掘簡報〉，《文物》2008 年第 5 期。

　　入唐以後，京師長安、洛陽仍然在墓葬中安置鎮墓獸。洛陽偃師和西安曾多次出土鎮墓獸，形制也由初唐（高祖至高宗）時期沿襲隋代之風，發展到盛唐（武后至中宗或玄宗開元初期）時期講求修飾，體積加倍。

　　洛陽偃師在 1988 年發掘唐代光州定城縣令柳凱夫婦墓，出土鎮墓獸大小各兩件。大的兩件高 51 公分，一件人面，一件獸面；小的兩件，人面的高 31.5 公分，獸面的高 32 公分。大小形制相仿。大型獸面鎮墓獸頭頂有叉形雙角，肩側有半月形雙翼，背有鋸齒狀鬣，蹄足，作蹲坐式。前胸以紅、綠色繪捲曲胸毛，雙翼繪紅色捲草紋，眉及胸部塗金。大型人面鎮墓獸二目圓睜，隆鼻闊口，招風大耳，頭頂生一螺形黑色尖角，肩兩側有半月形翼，背有鋸齒狀鬣，蹲踞。墨描眉毛、眼睛，耳、鼻、口塗紅，胸毛以紅綠兩色彩繪 [120]。柳凱墓誌稱，柳凱在武德九年（西元 626 年）死於縣邸，貞觀廿三年（西元 649 年）夫人裴氏亡故，在麟德元年（西元 664 年）合葬於偃師亳邑邙山之南。墓葬中鎮墓獸和其他陶俑大致可以分出兩套，可見隨葬品都是初葬時放置的，屬於洛陽地區的初唐墓葬 [121]。鎮墓獸形制的翼化與凶獸形象都是唐代的特徵。

　　與柳凱墓陶鎮墓獸同一類型的，還有偃師杏園唐墓中李嗣本墓和李延禎墓出土的兩套鎮墓獸各兩件。李嗣本，隴西成紀人，上元二年（西元 675 年）終於寧州錄事參軍任上，景龍三年（西元 709 年）與夫人范陽盧氏合葬。李延禎是李嗣本之子，終於垂拱二年（西元 686 年），景龍三年（西元 709 年）與夫人合葬 [122]。鎮墓獸代表了武后至中宗時期的規制，但形體已大為增高。李嗣本墓的人面獸身鎮墓獸高 75 公分，獸面鎮墓獸高

---

[120]　李獻奇：〈河南偃師唐柳凱墓〉，《文物》1992 年第 12 期，圖版捌，圖 4。
[121]　徐殿魁：〈洛陽地區隋唐墓的分期〉，《考古學報》1989 年第 3 期。
[122]　徐殿魁：〈河南偃師杏園村的六座紀年唐墓〉，《考古》1986 年第 5 期。

75.4 公分。李嗣本官職不高，而鎮墓獸及隨葬文官俑、武士俑形體高大，文官俑高 87.2 公分以上，武士俑高 93 公分。唐代鎮墓獸規制遠較北魏、北齊、北周和隋代為盛。

河南偃師杏園唐代李嗣本墓鎮墓獸

西安地區唐墓鎮墓獸形制也和洛陽偃師相仿，到玄宗開元（西元 713 — 741 年）年間尺寸更大。西安東郊紅旗電機廠唐墓出土鎮墓獸兩件，造型與開元十一年（西元 723 年）鮮於庭誨墓出土的鎮墓獸類似 [123]，高 95 公分。

在山西太原金勝村唐代壁畫墓中也曾出土唐高宗時期的鎮墓獸 [124]。

[123]　中國社會科學院考古研究所：《唐長安城郊隋唐墓》，文物出版社 1980 年版。
[124]　山西省文物管理委員會：〈太原南郊金勝村唐墓〉，《考古》1959 年第 9 期；山西省考古研究所，太原市文管會：〈太原金勝村 337 號唐代壁畫墓〉，《文物》1990 年第 12 期。

甘肅慶城唐代穆泰墓陶鎮墓獸

在鎮墓獸的發源地隴西，唐玄宗時期的鎮墓獸形制也增高到一公尺以上。2001 年在甘肅慶城縣發現的唐前期墓葬游擊將軍穆泰（西元 660 －730 年）墓中出土兩件鎮墓獸。墓室邊長均不過 4 公尺見方，但鎮墓獸一件人面獸身，頭頂有螺旋形尖角，高 102 公分；另一件作雄獅狀，頭頂及兩側有 7 枝火焰形脊刺（或稱鬃毛），高 97 公分。據研究，在唐代鎮墓獸形制中屬第四等級，為四五品官吏所用 [125]。

墓葬中放置鎮墓獸，源出漢代墓葬以方相氏鎮墓的習俗 [126]。使用具有伊朗格調的守衛宮殿神廟的神獸形象隨葬，以保護死者墳墓的安寧，是 5 世紀以來北方信仰祆教的兩京官員所宣導的風氣，同時把神獸作為權力與財富的象徵。此風傳自隴西。陝西唐高宗乾陵墓道中列有鴕鳥，也是波

[125]　王春等：〈甘肅慶城唐代遊擊將軍穆泰墓〉，《文物》2008 年第 3 期；齊東方：〈試論西安地區唐代墓葬的等級制度〉，《紀念北大考古專業三十週年論文集》，文物出版社 1990 年版。
[126]　洛陽市第二文物工作隊：〈洛陽偃師縣新莽壁畫墓清理簡報〉，《文物》1992 年第 12 期。

斯風餘韻。鎮墓獸陶俑則是異域文化背景下的產物，以長安、洛陽為主，波及山西太原，山東淄博、壽光，以及河北河間等地。因開元間禁止民間歲祀胡天，波斯王室後裔在長安沒落，於是此風便不見於天寶年間了。

　　中國北方墓葬中出現的鎮墓獸陶俑不同於南方帝王陵墓前的大型石雕鎮墓神道。在長江流域，伊朗式樣或希臘式風格的石雕藝術以一種更為宏壯的氣勢和傳遞形式凝聚在南朝各代帝王陵寢之前。現存南朝陵墓以圓雕的石麒麟、天祿、石獅環列王陵墓道，分布在江蘇南京和丹陽周圍。南京附近的有 25 處，丹陽周圍亦有 10 處左右。南京宋武帝劉裕（西元 420 － 422 年在位）陵前石麒麟，梁蕭秀墓前石獅，齊武帝蕭賾（西元 482 － 493 年在位）景安陵前神獸，陳文帝陳蒨（西元 559 － 566 年在位）陵前麒麟、天祿，丹陽梁武帝蕭衍（西元 502 － 549 年在位）陵前石麒麟，均屬一時傑作。石獸脅下都有貼伏胸後的飛翼，式樣已非伊朗或亞述石雕翼獸中的多層鱗狀飛翼，而是中國傳統式樣的波形、浮雲紋和魚鱗鉤形。石獸雕刻技法已遠比東漢雅安高頤墓前飛翼石獸純熟，而飛翼尚有東漢餘韻。現在江蘇南部的南朝石獸藝術大約由西亞經四川順江傳遞，同時在 5 世紀和 6 世紀初又受到來自海上的印度佛教藝術的激勵，成為長江流域一種新穎的圓雕藝術。

　　唐代流行的馬球運動，名為打毬（球），又稱擊鞠，源自古代伊朗的「波羅毬」競技運動。「波羅」在中古波斯語中的意思是棍棒，波羅毬就是棒毬。「毬」字也來自波斯語中的 gui。參與這種毬戲的人以棒擊毬，習稱打毬，和漢魏以來用腳踢的蹴鞠（足球）不同，所以又稱擊鞠。打毬的人都騎馬，以鞠杖爭擊波羅毬，以先擊中網囊的獲勝，稱作頭籌，得籌則以龜茲部鼓樂唱好，以示慶賀。

　　伊朗的波羅毬曾西傳君士坦丁堡，東則經中亞傳入中國、印度、高

麗、日本，成為亞洲人共同愛好的一種毬類運動。封演《封氏聞見記》說，唐太宗時，因西蕃（河西）人善於打毬，皇帝親自提倡，叫宮人學習。在升仙樓街坊上也有西蕃人打毬，獻媚於太宗。中宗、玄宗都深好波羅毬戲，於是波羅毬成為宮廷中流行的娛樂項目。此外，權貴們也都在長安府邸修築毬場。景雲年間，吐蕃派使者到長安迎金城公主，中宗在梨園亭子安排打毬。當時玄宗李隆基是臨淄王，在毬場上大顯身手，使吐蕃的毬將無能為力。玄宗即位後，鬥雞擊毬是諸王常事。上好擊毬，由此風俗相尚。駙馬武崇訓、楊慎交都修築毬場，甚至灑油以求平滑。玄宗以後，文武百官都以擊毬為時尚。穆宗（西元 820－824 年在位）、敬宗（西元 825 年在位）都沉溺毬戲，宣宗（西元 846－859 年在位）、僖宗（西元 873－888 年在位）也是打毬能手。長安宮城中有毬場，宮城北的毬場亭就是中宗時安排球賽的梨園亭子。大明宮東內院龍首池南面也有毬場。到文宗太和八年（西元 834 年），龍首池也被填平做了毬場。現在西安已發現宮中修築毬場的奠基石銘。各王府邸宅都有毬場，甚至普遍到大街上也進行毬戲。唐代進士及第之後，照例在慈恩寺題名，並在曲江關宴。不過新進士最能引起轟動的是在月燈閣舉行的打毬盛會的表現，看棚鱗次櫛比，他們可以和左右神策軍中的好手相較量。毬戲已成為長安和各地風行的一項強身運動。西安近郊章懷太子墓壁畫以及敦煌壁畫中都有毬戲場景和執毬杖侍奉的隨從圖像。

　　馬毬融馬術與競技、娛樂於一身，具有極強的生命力。唐代宮人也有打馬毬的，可見馬毬已成一項男女均宜的體育運動。宋、金時代，北方馬毬運動不衰，以至元明。1983 年在山西襄汾縣曲里村金末元初的墓葬中發現有表現馬毬的磚雕。該墓磚雕共 78 塊，在東壁須彌座上嵌有 6 塊馬毬、馬戲磚雕。馬毬磚雕共 4 塊，寬 21.5 公分，高 25 公分。打毬者頭紮軟巾，

身穿長袍，足蹬馬靴，左手執韁，右手持偃月形毬杖，騎馬騰躍，並有打背身毬的精彩場景。明人則有四騎爭毬的打馬毬圖，都是馬毬運動的生動場景。

■第四節
元代中伊文化交流

西元 1253 年秋，旭烈兀奉蒙哥汗的命令西征，進軍伊朗，隨軍率有一批占星術士、醫生和大批熟諳火炮、火器的軍事技術人員。1256 年消滅了伊朗境內的木剌夷人。1258 年攻陷巴格達，使國祚已逾 600 年的哈里發帝國就此滅亡。忽必烈繼位後，旭烈兀在伊兒汗的名義下和大都北京保持著宗藩關係，使用漢文的印璽。蒙古境內的驛政制度、分封制度和軍事制度以及法律條款都在伊朗和美索不達米亞得到移植。伊兒汗統治集團維持了蒙古百戶、千戶、萬戶制的軍事統治方式，實行貴族子弟宿衛的「怯薛」制；將蒙古軍事統領的分配制度沙餘兒合勒（Soyurqal）建立在波斯流行的賦稅制度伊克塔（iqtā）之上，以保障軍隊的給養；照樣定期舉行各地宗王和貴族共商國事的慶典忽里台，頒賜名為「質孫」的袍服，使伊朗社會的蒙古風大為流行。同時，中國和伊兒汗國的關係得到了加強。在忽必烈統治的中國和蒙古本部，波斯語和波斯生活方式開始流行，使雙方的交流進入又一個高峰。

一、回回學

為加強國際連繫，特別是和亞洲西部大國伊兒汗國的往來，元政府將波斯文列入國家高等學府的課程，正式開設回回學，以培養國際商務和外

事活動的合格人才。忽必烈決定仿照蒙古國子學的先例，在至元二十六年
（西元 1289 年）八月設置回回國子學。《元史・選舉一・學校》稱：「世祖
至元二十六年夏五月，尚書省臣言：『亦思替非文字宜施於用。今翰林院
益福的哈魯丁能通其字學，乞授以學士之職，凡公卿大夫與富民之子，皆
依漢人入學之制，日肄習之。』帝可其奏。是歲八月，始置回回國子學。
至仁宗延祐元年（西元 1314 年）四月，復置回回國子監，設監官。以其
文字便於關防取會數目，令依舊制篤意領教。」回回國子學中講授的亦思
替非文字，原是波斯國家文書中專門用於財務稅收的詔書、清算單據、稅
務文書的文字，具有特定的寫法和規則。亦思替非文字出現在薩珊波斯時
期。薩珊政府專設稱為阿瑪爾（amār）的財政稅務部，管理全國財務，亦
思替非文字便全面推廣[127]。這種文字類似縮寫符號或象形文字，只表意
不表音，當時稱作阿瑪爾文字（amār dabire）。伊斯蘭時期繼續被新組建
的貢賦部使用。「阿瑪爾」這個詞被阿拉伯語譯作「亦思替非」，意為「財
產稅務的核算與管理」。掌握亦思替非文字，必須接受專門的訓練，它是
帕拉維語的一種簡化了的特殊文字。在中國新疆出土的摩尼教徒用於紀年
的文書中已見使用這種文字[128]。

　　元代回回學曾由國子學擴充成國子監，學生人數增加，官員也由原設
五名添員，其目的在為各部門和各地關卡培養「譯史」人員。「譯史」即
波斯文翻譯人員。回回國子學可說是中國在大都北京創設的第一所外國語
專門學校，所傳習的課程離不了伊斯蘭教義、法律，以及商務知識、波斯
語法。回回國子學也是培養從事國際事務的專門人才的機構，是中國歷史

---

[127]　穆扎法爾・巴赫蒂亞爾（Muzaffar bakhtiyār）：〈「亦思替非」考〉，《伊朗學在中國論文集》，北
　　　京大學出版社 1993 年版，第 44 — 49 頁。
[128]　格希曼：《帕提亞和薩珊朝的波斯藝術》（R. Ghirshman, *Persian Art, the Parian and Sassanian
　　　Dynasties*），紐約 1962 年版，第 317 — 336 頁。

上第一所國際關係學院，訓練的人才首先是面向伊朗（伊兒汗國）和通用波斯語的亞洲西部和地中海世界的。

西元 1330 年以後，由於涉外事務的緊縮，元政府裁去回回學士，由待制兼管 [129]。

二、天文學

在元代，中國天文學面臨第四次大改革。天文曆法要邁出新路，必須鑑借鑑阿拉伯、波斯天文學。旭烈兀西征時，特意將關押在牢中的著名天文學家納速剌丁·杜西（Nāsir al-dīn al-Tūsī，西元 1201 － 1274 年）解救出來。阿拔斯王朝滅亡後，旭烈兀在西元 1259 年正式授命在首都大不里士以西、烏爾米雅湖附近籌建當時世界上設備最完善的馬拉格天文臺。忽必烈在登汗位以前也很重視天文、星相，網羅回教天文學家。波斯人札馬剌丁因此應聘來華。札馬剌丁大約就是在 1258 年不願參與修建馬拉格天文臺的 Jamālal-Din。忽必烈即汗位以後，召札馬剌丁編制萬年曆，同時為新建的回回天文臺添置天文儀器。萬年曆按照波斯、希臘系統在 1267 年編成，曾在一定範圍內頒布試用。札馬剌丁為上都開平的觀象臺製造了七種儀器，其中六種是天文儀器，一種是當時罕見的地球儀。這些儀器都是納速剌丁·杜西在馬拉格天文臺中配製的儀器。札馬剌丁製作這些儀器，是在精通波斯天文學的基礎上繼續交流科學資訊而取得的巨大成就。

這七種儀器，元代文書記錄的都是波斯語名：

✦ 咱禿哈剌吉（Dhātu al-halaqi，多環儀），渾天儀。並非托勒密式，而是赤道系統，但有兩個回歸圈附在帶照準儀的活動赤緯環上。

---

[129]　黃溍：《金華黃先生文集》卷八〈翰林國史院題名記〉，四部叢刊本。

✦ 咱禿朔八臺（Dhātu al-shuʻbatai，雙股儀），經緯儀。

✦ 魯哈麻亦渺凹只（Rukhāmah-i-muʻwajja，春秋分晷影堂），斜緯儀。

✦ 魯哈麻亦木思塔餘（Rukhāmah-i-mustawīya，冬夏至晷影堂），平緯儀。

✦ 苦來亦撒麻（Kura-i-Samā'），天球儀。

✦ 兀速都兒剌不（usturlāb），觀象儀。

✦ 苦來亦阿兒子（Kura-i-ard），地球儀。

其中六種天文儀器都為黃道系統的觀測製作，使用 360°制 [130]。

地球儀在當時僅見於馬拉格和上都。據說前 2 世紀馬羅的克拉特斯製作了最古老的地球儀，但此器早已失傳，詳情不明。在歐洲最早記錄的地球儀是馬丁・皮赫姆（Martin Behaim）在 1492 年製成的一架，現存德國紐倫堡國立博物館。

札馬剌丁帶到中國的兩種魯哈麻日晷，也是阿拉伯世界中的先進儀器。當時伊斯蘭學者阿布林・哈桑・阿里（Abu Ali al-Hasan al-Marrakushi）（馬拉喀什）完成日晷學的巨著《始終歸元論》（西元 1229 年）還不過 40 年，精密的日晷便在中國北方出現。札馬剌丁和回回司天臺在 1271 年的正式成立實有難分難解的關係。由於札馬剌丁引進伊朗天文曆法，於是忽必烈決定將早先分設兩處的漢兒和回回司天臺合併成回回司天臺，1274 年在大都選擇新址加速建成。這項工程顯然受到來自伊朗的激勵。伊朗的馬拉格天文臺建成後，納速剌丁・杜西和他的助手合作，按旭烈兀的規定，在 1272 年完成了集希臘、波斯、阿拉伯、中國四大體系於

[130] 哈特納：《札馬剌丁的天文儀器：考釋及其和馬拉格天文臺儀器的關係》（W. Hartner, *The Astronomical Instruments of Cha-ma-Lu-Ting, Their Identification, and Their Relations to the Instruments of the Observatory of Maragha*），《伊西思》（*ISIS*）1950 年 7 月第 41 卷，第 184 頁。

一身的《伊兒汗天文表》（*al-Zīj-Ilkhani*），於是元政府在 1273 年決定成立祕書監，由焦友直、札馬剌丁兩人管領漢兒和回回兩個司天臺，不久合併，並在 1275 年採取措施進行曆法改革。

出身西亞的愛薛（Ngai-Sie）曾充當元朝派往大不里士使團的通事（翻譯官）、副使，也積極參與了曆法改革，至少三次奔波於馬拉格和大都北京天文臺之間。他曾為完成《伊兒汗天文表》出力，在馬拉格作過題為《中國的曆法》的科學報告[131]。《伊兒汗天文表》中有關中國曆法的知識是由他和另一名在納速剌丁・杜西手下工作的中國學者傅岩卿提供的，《伊兒汗天文表》中錄有中國的干支紀年。據拉施特丁（Rashdal-Dn）的《史集》記載，旭烈兀西征時曾從中國帶去一批占星術士和學者。後來忽必烈也派過科學家到馬拉格協助工作，其中有個叫傅蠻子（或譯傅穆齋，Fuomun-ji）的，納速剌丁・杜西正是透過他了解中國曆法，向他請教推步之術的[132]。傅蠻子是個漢人，後來歸國，供職祕書監，名字叫傅岩卿，1294 年 8 月升任祕書少監[133]。

在北京和馬拉格之間，雙方派遣高級官員和學者進行科學合作，北京按照馬拉格的先例籌建新型的天文臺。馬拉格天文臺位於城西山岡上，占地 137 公尺 ×347 公尺，裝備有精良的儀器，有些是從巴格達和阿拉木圖（伊朗北部）移去的。並有一個藏書 40 萬卷的圖書館。照伊本・夏克爾的

[131]　沈福偉：〈元代愛薛事蹟新論〉，《中外關係史論叢》第 2 輯，世界知識出版社 1987 年版，第 90 — 109 頁。

[132]　多桑：《蒙古史》（Mouradja d'Ohsson, *Histoire des Mongols Dépuis Tchinguiz-khan Jusqu'à Timour Beyou Tamerlan*），第 3 卷，阿姆斯特丹 1834 — 1852 年版，第 265 頁；喬治・薩爾頓：《科學史導論》（George Sarton, *Introduction to the History of Science*），第 2 卷，巴爾的摩 1931 年版，第 1005 頁。英國波勒在〈伊兒汗積尺序言〉（J. A. Boyle, *The Mongoi World Empire*，倫敦 1977 年版）中已指出，多桑注文中原文出處有誤，應出自巴納卡特（Banā Kati）通史中的一段。波斯文原名 FWMNJY，被稱作 Sīng Sīng（先生），是位道士。

[133]　王士點，商企翁：《祕書監志》，卷一〇，至元二十五年四月十九日；卷九，至元三十一年八月二十四日。

說法，這些圖書多數由蒙古軍從敘利亞、美索不達米亞和波斯搜羅而得。元代祕書監也收藏了許多波斯、阿拉伯文圖書，據 1273 年統計，共有 242 部，是中國最早的外文圖書館。其中就有歐幾里德（譯作「兀忽列的」）和托勒密等希臘科學家的著作。祕書監的圖書中藏有馬拉格的《伊兒汗天文表》，譯名《積尺諸家曆》。

1276 年忽必烈下令設局修曆，天文學家王詢（西元 1235 − 1281 年）、郭守敬（西元 1231 − 1316 年）負責編制，1281 年正月一日起正式頒行，這就是著名的《授時曆》。《授時曆》是汲取回回曆之長，參考伊朗天文新成就而編制出的新曆，元、明兩代基本上都仰賴於此曆。

馬拉格的天文學權威、旭烈兀的首相納速剌丁·杜西精通幾何，在世界上首次將三角學脫離幾何而設為專門的科學。他在天文計算中廣泛運用古希臘以來精熟的球面分割術，使天文計算進一步精確化。郭守敬在愛薛、札馬剌丁的影響下，在宋代會圓術的基礎上，試圖用算弧三角法切割渾圓，從而首次將球面三角法引入中國曆法計算之中。但郭守敬在這一新的科學嘗試中忽視黃道系統，不像馬拉格的同行那樣使用 360°制，而仍用 $365\frac{1}{4}$°的古制，因此他運用的會圓術弧矢公式造成的誤差很大。他計算圓周率時也以 3 的整數入算，因此使周天直徑的計算不夠精確。儘管如此，他已在球面三角法的應用上超越了他的中國先輩，使中國曆法改革邁開了新的一步。

郭守敬為北京天文臺設計製造了十三件儀器，這使北京天文臺擁有的儀器總數與馬拉格天文臺不相上下。郭守敬在 1276 年後陸續製成的玲瓏儀、渾儀、渾天象、立運儀、候極儀和簡儀令人驚嘆不止。但馬拉格天文臺具有同類的天文儀器，推測郭守敬當年一定從馬拉格的同行那裡獲知最新的技術資訊，以為鑑借鑑。郭守敬製造的簡儀，從名稱上可以知道，是

對黃赤道轉換儀的簡化[134]。黃赤道轉換儀由納速剌丁・杜西仿照 12 世紀上半葉賈比爾・伊本・阿夫剌的圓儀（Regiemontanus）用兩個分度環交接。郭守敬根據中國傳統應用的赤道座標系，去掉黃道部件，製成這件簡儀。郭守敬的這一成就是吸收伊朗天文儀器的專長，堅持使用更為簡便的天方觀測方法的創造性的範例。後來赤道座標系通行世界，它的起點便是北京郭守敬創造的簡儀。而簡儀在國外的名聲，一定是由馬拉格的那些傑出的曾經長期與中國科學家合作的同行傳播到歐洲去的。

三、中醫學

　　伊朗很早就接受和使用中國藥材。對中國醫學的整理和研究，是在元代伊兒汗國首相、科學家拉施特丁督促下完成的。

　　中國藥物如肉桂、生薑、大黃、黃連、茯苓、無患子、麝香，久已為伊朗醫學界所使用。

　　肉桂（*Cinnamomum loureirii*）是原產中國南方的樟科樟屬常綠喬木，和木樨科木樨屬常綠闊葉喬木的桂樹（cassia）本有區別，但古代中國文獻如《說文解字》還是統稱作桂，以為是「百藥之長」。肉桂樹皮極香，含揮發油肉桂醛，是名貴香料，出在交州、桂州的「形段小，多脂肉」（《政和證類本草》卷十二引陶弘景）。桂皮有濃嫩、老薄之分，濃嫩的呈捲筒狀，老薄的呈板片狀，「濃者必嫩，薄者必老」，以濃嫩辛香的為貴，老薄味淡的居次（《政和證類本草》卷十二引陳藏器）。居延漢簡記載的桂用於治傷寒[135]，是溫腎補火、祛寒止痛的良藥，又是名貴香料。古希臘作家從希羅多德到史特拉波都以為肉桂和桂皮產在南阿拉伯的沙比、衣

---

[134]　李約瑟：《中國科學技術史》第 6 卷，科學出版社 1990 年版，第 473 － 474 頁。
[135]　中國科學院考古研究所：《居延漢簡甲編》，科學出版社 1959 年版，第 23 頁。

索比亞，其實其中有許多是用一種錫蘭肉桂（*Cinnamomum zeylanicum*）來冒充的桂皮。

中國肉桂很早就進入阿拉伯和埃及市場了。肉桂的阿拉伯語為dārsini，意思是「中國藥」、「中國桂皮」，借用了波斯帕拉維語名詞「中國藥」（dar-i-tchini）。羅馬人的 cinnamomum 也來自古波斯語 tchina-mum。前 1 世紀本都王國米特拉達梯（Mithridates）（西元前 115 — 前 63 年在位）在位時，一種含鴉片的軟糖藥品中已有肉桂。薩珊波斯時期的波斯語將肉桂稱作「中國藥」（dār-cīnī，dar tchini）或「樹皮」（dār-cīn，dar tchin）。4 世紀，君迪沙普爾的皇家醫學院在治療眼鏡蛇咬傷的片劑中加進 24 梅提卡勒的中國肉桂配伍使用。信仰袄教的卡瓦德一世配製糖衣藥片時，也開有 8 梅提卡勒的中國肉桂。在 9 世紀，阿拉伯作家伊本·霍達貝列舉的中國南方海港出口貨中有「中國藥」。阿拉伯人知道肉桂出在中國應晚於波斯海商 [136]。在 10 世紀，波斯藥物學家阿布·曼蘇爾（Abu Mansur）用新波斯文寫成的《藥學綱要》（約西元 970 年完成）中有肉桂的正式紀錄。

差不多同時，阿拉伯地理學家曼蘇地在《黃金草原與寶石礦》中將巴格達商店中的 25 種香料一一開列。他列舉的桂皮有 al-qirfah（錫蘭肉桂）和 al-salikhah（中國肉桂），後者是一種細小輕薄的肉桂。Qirfah-kuruwa 是泰米爾語中的肉桂，係肉桂的一種赤道品種，它的藥用價值在 14 世紀以前不如中國肉桂。14 世紀時，因海運昌盛，交州獨立，肉桂栽培技術從蘇門答臘巴領旁的華人那裡傳入錫蘭。僧伽羅人興建了桂樹種植園，於是從東南亞和印度運到西亞的有許多肉桂的代用品，都被稱作 selikha。設拉子的藥劑師宰因·丁（西元 1329 — 1403 年）在 1369 年完成的《祕

---

[136] 沈福偉：《中國與非洲》，中華書局 1990 年版，第 119 — 120 頁。

方彙編》中引證過希臘醫生希波克拉底（Hippocratic）和敘利亞醫生蓋倫（Galen）等用希臘文寫作的西方醫生運用中國桂皮入藥的體驗。希波克拉底指出，桂皮可使人終生精力旺盛。蓋倫斷言，桂皮可以健胃清腦並保持記憶力。迪奧斯寇里德（Dioscorides）認為桂皮可明目、調經，治療頭暈昏厥，恢復嗅覺，制止高燒。7 世紀的巴羅士說桂皮可治療面癱和肌肉的鬆弛。魯夫斯治療黃疸病時開出有桂皮的處方，劑量是 1 第拉姆，據說它會增加膀胱的負荷，因此要加上歐洲的細辛。更有人說，它會造成脾臟不適，必須用紫羅蘭膏加以緩和。其替代品 selikha 要用正宗桂皮重量的 1.5 倍。有時他們還推薦使用蓽澄茄、沙地柏或巴比倫柳。據易斯哈格的說法，其替代品是 1 第拉姆的高良薑，或 2 第拉姆的沙地柏。

　　研究波斯手稿的法國東方學家阿里‧馬扎海里（Aly Mazahéri）認為，selikha 是敘利亞文，翻譯自希臘文 cassia（肉桂、桂皮），和這個名詞同時使用的還有 cinnamomum 和伊斯蘭世界的 darsini（中國藥）。se-likha 和 qirfa 的品質都低於正宗的中國桂皮。selikha 是一些較細小的桂皮或桂枝。qirfa 是來自東南亞和錫蘭的桂皮，富有丁香花蕾的香味，這個詞出於馬來文 kurupas（樹皮）[137]。一直到 14 世紀，正宗的桂皮在伊斯蘭世界都享有很高的聲譽，它是優良的藥劑、精細的香料和釀酒的香料。阿拉伯藥學家伊本‧貝塔爾（Ibn al-Baitar）時代已經有好多種 selikha。按照伊本‧朱澤萊的辨認，他知道的 selikha 至少有四個品種，最好的一種是淡紅色、長而光滑的，黑色的品質最差。馬利克‧莫扎法爾王子（卒於西元 1294 年）在南阿拉伯的藥材市場上見到的最佳的桂皮是中國產品，他將中國桂皮定名為 darsini。但他也認識到，當時已有許多品種。他說桂皮性熱，具有利尿、鎮痛和開胃的功能；與蘆薈一同下藥可以墮胎；又是一

---

[137]　阿里‧馬扎海里：《絲綢之路》，耿昇譯，中華書局 1993 年版，第 475 — 481 頁。

種解毒藥，可以增強視力；並且是膽囊的消炎劑。用它可醫治鼻炎、慢性偏頭痛、腎炎和尿滯留。如果用醋調配，可以治好水皰和溼疹。馬利克和宰‧因丁都非常推崇肉桂的藥用價值。

薑、桂入藥，都作表汗藥，用於調味、和香。生薑產於華中、華南，早就暢銷西北，古代寫作薑。居延漢簡中記載有「薑八百五十」（262號）[138]，「薑二升直卅」（1962 號）[139]，可見數量、價值在西北均甚可觀。新疆出土佉盧文書中有「現奉上一薑，以表思念」[140] 的話，說明薑在那裡是一種很實用的禮物。新疆的薑，計算單位也是波斯的德拉克麥。有一張胡椒、糖的清單中列舉「1 德拉克麥薑」[141]。薑作為藥物從新疆運到伊朗的時間很久。阿布‧曼蘇爾已知薑有三種：中國薑、桑吉巴薑和麥利阿威薑，而以中國薑最好[142]。薑在中古波斯語中稱 šangavīr，新波斯語 šankalīl，譯自漢語「生薑」，表明這味藥材至少在南北朝時已被伊朗醫學界所採用。《宋會要‧職官》中有海運的高良薑、乾薑、生薑，《諸蕃志》「三佛齊」條有中國出口的乾良薑，名享西亞。波斯語 anqala 就是「高良」或「乾良」的譯音，斯坦格斯《波斯語－英語辭典》說是「一種中國薑」[143]，大致沒有問題。

大黃（*Rheum officinale*）是原生中國西部的蓼科多年生高大草本。根狀莖粗壯，莖直立。多生在湖北、陝西、四川、雲南的山地中。大黃含大

---

[138]　中國科學院考古研究所：《居延漢簡甲編》，科學出版社 1959 年版，第 13 頁。
[139]　中國科學院考古研究所：《居延漢簡甲編》，科學出版社 1959 年版，第 81 頁。
[140]　T. 貝羅：《新疆出土佉盧文殘卷譯文集》，王廣智譯，第 89 頁，見《尼雅考古資料》，烏魯木齊 1988 年鉛印本。
[141]　T. 貝羅：《新疆出土佉盧文殘卷譯文集》，王廣智譯，第 181 頁，見《尼雅考古資料》，烏魯木齊 1988 年鉛印本。
[142]　阿肯道夫：《阿布‧曼蘇爾》（Abdul-Chalig Achundow, *Abu Mansur*），多爾派特大學 1893 年版，第 76 頁。
[143]　斯坦格斯：《波斯語－英語辭典》（F. Steingass, *A Comprehensive Persian-English Dictionary*），倫敦 1930 年版，第 113 頁。

黃素、兒茶素、大黃柯因和大黃酶。中醫以根狀莖入藥，性寒，味苦，能瀉火解毒，主治痢疾、便祕、腹脹、黃疸、瘀血、經閉、癰腫，外敷治燙傷。有馬蹄大黃、四川大黃、南大黃等別稱。並有掌形大黃（*Rhuem palmatum*，北大黃）、唐古特大黃（*Rheum tanguticum*，雞爪大黃）等產在青海、甘肅、四川的專供藥用的大黃。中國使用大黃作菜食和藥劑的歷史至少有 2,000～3,000 年。另外還有一種大黃產在伊朗北部和黑海附近，叫 *Rheum ribes*，中古波斯語 rēwās 大約指這種伊朗出產的大黃。伊朗最早從陸路透過斯基泰人接受了中國大黃，稱作 Rayvend。這個名詞本來是斯基泰人用來指飛馬星座中的 γ 及 β 星的，意思是「發光體」。而在辨別正宗的中國大黃的乾塊時，由於在切口處可看到有圍繞中軸的星標系統，所以就稱作 Rayvend 了。

羅馬作家普林尼（Gaius Plinius Secundus）在《博物志》中提到 Rhacoma 來自黑海，rha 是羅馬人對伏爾加河的稱呼。Rhacoma 在現代叫作 Rhapontic，是經過裏海運到黑海的中國大黃。斯坦因在新疆發現的漢簡中有「大黃」字樣 [144]，是大黃西運的證據。普林尼還提到有一種 Rhabarbarum，是從陸路運到亞丁灣的大黃，其實也是中國大黃，只是運輸路徑和品種有別，前者應是北大黃、唐古特大黃，後者則是四川大黃。羅馬醫生蓋倫用大黃治肝病，迪奧斯寇里德（約 1 世紀中葉）和奧雷巴尤斯（約西元 325－400 年）都用過大黃治病，巴魯士則用大黃排除各種炎症，降低熱度，治療肝脾疾病。

自從 10 世紀阿布・曼蘇爾記述中國大黃後，大黃在西亞已是家喻戶曉的中國著名土產。阿布・曼蘇爾說，大黃有中國產的和呼羅珊（伊朗東

---

[144]　沙畹：《斯坦因在新疆沙磧中所獲漢文文書》（Édouard Chavannes, *Les Documents Chinois Découverts par Aurel Stein dans les Sables du Turkestan Oriental*），牛津 1913 年版，第 115 頁。

部）產的兩種，中國產的使用最廣。新波斯語稱「中國大黃」為 rīwand-i-sīnī，後來傳到阿拉伯語、突厥語中，都用這個詞。

11 世紀末，寫作《病癒藥典》的伊本‧朱澤萊認為大黃只有兩個品種，中國大黃和呼羅珊大黃，後一種只有獸醫使用，又稱獸大黃；兩者之中，最適合治療人類疾病的當然是中國大黃了。宰因‧丁說：中國大黃經研磨之後，顏色與紅花相似。它的粉末則具有水牛肉的外貌，因此而有「肉質大黃」的別稱。它的塊狀物有驢蹄般大小，若大如馬蹄，那就最好不過了。

大黃性熱，有人又認為它性溫。景教徒醫生認為它具有 3 度熱和 1 度乾燥，有人又稱它具有 2 度的乾和熱。大黃粉用醋稀釋後可以治癒雀斑。大家公認大黃合劑可治療胃氣和消化不良，還可治療腎臟、膀胱、子宮、肝脾的疼痛。它可治坐骨神經痛、肺部咯血、氣喘、陰囊炎、呼吸道病、心跳過快、腸胃疼痛、痢疾、間歇熱、中毒和毒獸咬傷。

西元 1248 年伊本‧貝塔爾寫了《藥典》，將大黃分為 4 個品種：中國大黃、桑給大黃、突厥大黃和黎巴嫩大黃。他將中國大黃視為最上乘之品。他指出，次於中國大黃的是波斯大黃（即呼羅珊大黃或突厥大黃）。黎巴嫩大黃只是獸用大黃。現在黎巴嫩海拔 1,500 公尺的高地還可見到醋栗大黃，在當地用作瀉藥。伊本‧貝塔爾認為桑給大黃的藥力遠不如中國大黃或突厥大黃，但治療痢疾功效特佳。可見這時的大黃已走出國門，在呼羅珊、黎巴嫩移栽、繁衍，在草藥市場上占有一席之地。

波斯大黃（呼羅珊大黃）也是一種醋栗大黃，這在波斯最古的 10 世紀醫學著作中可以得到證實，作者把大黃描述成一種菜餚。波斯的烹飪書也將大黃當作調味品，配在湯、水果羹和果醬裡。18 世紀英國人從波斯人那裡學會了製造大黃水果羹和果醬。1777 年英人彭柏萊將大黃引種在牛

津郡，隨後便在英國傳開了。除了這種醋栗大黃，英國還培養了一種和阿拉伯人的肉質大黃相似的衍生種「維多利亞女王」，用來作果羹和果醬。後來法國、德國和匈牙利也都相繼用這種辦法製作了大黃補品。他們壓榨大黃莖稈，加上糖水，釀成大黃酒。直到今天，伊朗人還像幾百年前一樣，將食用大黃的葉和芽作為美味佳餚。但中國大黃始終是公認最佳的上品和藥用植物。歐洲各國引進的大黃與黎巴嫩、波斯、土耳其、布哈拉和中國的大黃相比，差別極大。1937 年出版的《藥典》指出，僅在它們的根莖具有淡紅顏色和某些類似中國大黃的星斑網狀的花紋時，才被允許入藥使用。

　　黃連是最佳的眼藥。阿布‧曼蘇爾已知黃連（māmīrān）的藥性。這種被中國醫生看作解熱消腫藥的毛茛屬植物，是出產在中國西部的藥材。但西方也有黃連。伊本‧貝塔爾引阿爾‧哲菲基的話，認為黃連來自中國，但在西班牙、柏柏爾（北非）和希臘也有出產。元代非洲旅行家伊本‧巴圖塔也注意到中國向西方出口黃連。裏海南岸的伊朗吉蘭人哈吉‧馬茂德曾遊歷中國，他是波斯的大法官和學者，曾和《馬可‧波羅遊記》的刊行者威尼斯人雷慕沙（Jean-Pierre Abel-Rémusat）講起他的經歷。雷慕沙在西元 1550 年刊行《馬可‧波羅遊記》時，在導言中轉述了馬茂德的說法，說「出產大黃的肅州（甘肅酒泉）山上，又出一種小根的植物，叫 Mambroni Cini（中國黃連），十分珍貴，可用來治療各種疾病，尤其用來治眼疾。當地人將它浸在玫瑰水中，用石頭搗碎研磨，再把它擦在眼上，效果良好」。這位波斯大法官是深知這種中國眼藥並善加運用的人士。

　　順便一提的是，鍮石（氧化鋅）也是優良的眼睛消毒劑，伊朗家庭常備藥物中總有這種小瓶的藥劑。

茯苓在波斯語中稱「中國根」（Čūbi Čīnī，Choobi-Cheenee，Reeshe-i-Cheenee），16 世紀時傳到伊朗。晉人陶弘景已留意研究茯苓。茯苓在 16 世紀時被世界廣泛注意，是由於中國用來專治梅毒（*Morbus americanus*）。梅毒俗稱美洲病，起源於美洲，哥倫布的水手被傳染以後將病菌帶回歐洲。後來瓦斯加‧達伽馬（Vasco da Gama）航行印度，又將此病菌傳入印度，印度梵語稱為佛朗機病。明代中葉，梅毒傳入嶺表（廣東、廣西），波及全國，中國人用茯苓治療此病，療效甚好。葡萄牙人、印度人、波斯人都以此法治療梅毒。嘉靖（西元 1522 － 1666 年）時名醫汪機著《本草會編》，有專論用茯苓治梅毒的藥方。

無患子，阿布‧曼蘇爾指出產自中國。大小與李相同，內有黑核，堅硬如石。用來炒食，可治各種慢性病。也可用作解毒劑。

麝香是甘肅、陝西、四川等地特產，用於治療惡瘡腫毒、跌打損傷、神志昏迷，在世界上享有盛名。10 世紀末波斯文著作《世界境域志》在「阿富汗巴達克山」目下，有麝香從吐蕃（圖伯特）輸入的記載。圖伯特包括甘肅，麝香即從甘肅西運。麝香雖然名貴，但在中世紀的伊斯蘭世界是一種常備的消費品，富裕的家庭都使用真正的吐蕃麝香。價格較低的是從海路運到波斯灣和紅海的漢地麝香。曼蘇地在《黃金草原與寶石礦》中指出，漢地麝香品質比較低劣。薩珊波斯王庫思老二世曾和他的臣僚有一篇對話，以為波斯的玫瑰、伊斯法罕的堇菜、科姆的紅花、謝爾旺的睡蓮和吐蕃的麝香都是使空氣發香的香物。自漢代起，麝香就從西藏和印度直接運到伊朗和美索不達米亞了，在那裡出售香藥的店鋪中都可見到麝香和各種摻有雜質的麝香製品，藥物學家和藥劑師也零售這種中國藥物。元代阿拉伯地理家阿布‧宰德（Abu Zayd）曾聽說撒馬爾罕商人販運麝香，不嫌路程之遠，不但跋山涉水遠去中國，而且還將此物運往西亞各地。麝香

也用作壯陽藥，並用作特效的解毒藥，甚至在烹飪中用作調味品。埃及的法蒂瑪哈里發阿齊茲（al-Aziz Billah）（西元 975 － 996 年在位）用膳，每年要用掉 5 囊麝香（約 250 克）[145]。麝香在西亞和地中海沿岸的穆斯林中備受青睞，上流社會對麝香的追求勝過了龍涎香、甘松茅、樟腦和蘆薈，是亞洲各種香料中最受重視和需求最大的香料。在中國以外，波斯也是使用這種藥物的國家。直到 19 世紀，外科醫生都用麝香來進行創口消毒和止血。麝香也被用來治療傷寒、痙攣、百日咳等病症，並醫治休克病人[146]。

元代中國和伊朗之間在醫藥方面有過廣泛的交流，不但中國藥物用於伊朗藥劑，而且中國傳統的脈學和病理學也是伊朗醫學在吸取希臘、敘利亞、希伯來的科學遺產之外極為注目的新的來源。《史集》的作者、合贊汗的御醫拉施特丁特別注重中國的醫學成就，於西元 1313 年主編了《伊兒汗的中國科學寶藏》。這部中華醫典對晉代名醫王叔和（西元 210 －280 年）的《脈經》給予高度評價，介紹了中國醫學的脈學、解剖學、胚胎學、婦科學、藥物學等多種科目。書中的三幅插圖完全採自中國的醫書：第一幅圖畫出八卦，劃成二十四等分，和晝夜相配，表示患者體溫的升降；第二幅圖是內臟解剖圖，畫有心臟、橫膈膜、肝臟和腎臟；第三幅圖畫出手掌和腕部，圖示脈經。解剖圖和楊介《存真圖》（西元 1113 年）相仿。拉施特丁編纂《中華醫典》時，一定有中國醫生或精通中醫的伊朗醫生輔助，才使這部巨典得以完成，並且流傳至今。他還翻譯了唐代孫思邈的《千金要方》。被中國民間尊為藥王的孫思邈，不但在遠東享有很高

---

[145] 曼蘇地：《黃金草原》（al-Masūdi, Les Prairies d'or），第 1 卷，巴黎 1865 年版，第 353 頁。
[146] 馬扎海里：《中世紀穆斯林的日常生活》（Aly Mazahéri, *La vie Quotidienne des Musulmans au Moyen Age*），巴黎 1951 年版，第 89 頁。

的聲譽，而且在元代第一次成為當時西方醫學界所熟悉的名字，這就不能不歸功於拉施特丁及其同好了。

四、印刷術

雕版印刷在 7 世紀由中國發明後，首先傳入通用中國漢語的朝鮮、日本。在非漢語文化圈中，首先使用這種發明成果的，是使用阿拉伯語、波斯語的伊斯蘭國家。

到 13 世紀，伊斯蘭國家雖已使用過印刷技術，但還未印製過整本的書籍。伊兒汗國在蒙古旭烈兀後王統治下與北京的大汗關係密切，承認大汗為宗主國，因此出現財政危機時便仿照中國印製紙鈔，以替代金銀鑄幣的流通。

旭烈兀的第五位繼承者海合都汗（西元 1291 — 1295 年在位）登位時，充盈的國庫已被揮霍殆盡，內亂外禍相繼而至，財政赤字扶搖直上。管理財政的伊賽丁・莫扎法爾便考慮仿照元朝發行紙幣（交鈔）。海合都汗聽信寵臣沙特魯丁的話，向定居在大不里士的中國使者樞密副使朵耳邊・孛羅諮詢紙幣的發兌，孛羅認為可行。海合都汗便在 1294 年 7 月 23 日下令製鈔，發行各地。紙幣仿照至元通行鈔，上首印有漢文「鈔」字[147]，四周紋飾都照式刊印。同時印有阿拉伯文的《可蘭經》經文和「伊斯蘭曆 693 年，世界的君主發行吉祥的鈔幣，凡塗改或損壞紙鈔，滿門抄斬」的字樣[148]。「鈔」字後來成了波斯文中的 Čāu。

---

[147]　現存實物有至元通行鈔銅版兩種（伍佰文、貳貫），長 25.3 公分，寬 12.6 公分，河北平山縣王坡村 1963 年出土。首列橫排「至元通行鈔」，下部有尚書省命令「宣課差發內並行收受，不限年月，諸路通行」，及「偽造者處死」的大字（河北省博物館：《河北省出土文物選集》，文物出版社 1980 年版，圖 414）。

[148]　愛德華・布朗：《韃靼統治下的波斯文學史：1265 — 1502 年》（E. G. Browne, *A History of Persian Literature under Tartar Dominion*, 1265-1502），第 3 卷，劍橋大學 1920 年版，第 37 — 38 頁。

　　大不里士在該年 9 月 12 日將印就的紙鈔正式發行，幣額從半個迪爾漢到 10 個第納爾不等，與原先通用的阿拉伯銀幣、金幣額相等。各重要省城也設立寶鈔局，發行和兌換寶鈔。紙幣發行後，金銀即被宣布禁止流通。如拒絕使用紙鈔，立即處死。但紙鈔初次發行時，國庫並無相應的基金準備，商人害怕貨物被搶購一空，對紙幣折價使用。不久，農民進城運貨都遭攔路搶劫，商貨短缺，大不里士商店在一個星期後紛紛關閉歇業。城中居民對莫扎法爾群起而攻之，街上到處都是遊民，生產無法繼續，供應時告斷絕。三個星期後，國內流通幾乎陷於全面停滯狀態，客觀上宣告了紙幣的徹底失敗。於是當局只得重新恢復金屬錢幣的使用。紙幣的使用前後不足兩個月。

　　伊兒汗應用印刷術發行紙鈔，雖然只是曇花一現，但雕版印刷技術卻給伊斯蘭國家留下深刻的印象，甚至達到了家喻戶曉的地步。桂冠詩人巴那卡特在《智慧園・中國人》（西元 1317 年）中，對印刷在中國已成一種風習十分讚揚，說中國人為保存有價值的書籍，就叫人寫在木板上，校勘後刻板存放。要書的人，可以付款開印，就像鑄幣廠用印模鑄錢。「因此，他們的書不會有任何增刪，完全可以憑信。他們的史籍便靠了這個得以流傳。」[149] 大不里士的印鈔是對印刷術的一種試驗，此後，印刷術便被用來印製紙牌和符咒，並加速了這項具有深遠意義的技術發明越過地中海進入歐洲，推動了一場空前偉大的文化革命。

五、藝術

　　中國藝術堪稱龍的藝術。在工藝美術上，龍鳳花鳥圖案變幻奇麗。伊朗自 9 世紀起仿造中國瓷器和三彩釉陶，已開始吸收中國畫風。一幅見於

---

[149]　愛德華・布朗：《韃靼統治下的波斯文學史：1265 － 1502 年》（E. G. Browne, *A History of Persian Literature under Tartar Dominion*, 1265-1502），第 3 卷，劍橋大學 1920 年版，第 102 － 103 頁，引《智慧園》。

西元 936 年的波斯古畫，有甲騎具裝的戰士鏖戰張牙舞爪的惡龍的場景，一改過去以勇士與獅戰鬥的傳統畫題。巴格達的驅邪門是建於阿拔斯王朝第三十四任哈里發納斯爾（An-Nasir）（西元 1180 － 1225 年在位）時代的城門，在拱形的門首有浮雕的龍。1322 年不賽因汗（Abu Sa'id）所築法拉明大清真寺，寺門也雕著象徵王權的龍。

　　伊斯蘭教教義認為，表現人類和動物是真主獨享的特權，否則就是大逆不道。因此伊斯蘭教初期沒有人物畫。先知穆罕默德的畫像是 9 世紀中葉旅行長安的阿拉伯人伊本・瓦哈卜從唐僖宗的皇室收藏物中看到的。穆斯林的宗教畫，直到 14 世紀初才在基督教教會藝術指引下正式出現。而且，這種美術首先見於書籍的插畫，於是在眾多的細筆畫中，也可以見到東方摩尼教的書籍插圖藝術的影響。波斯在早期培養伊斯蘭教獨立的藝術家中所起的先鋒作用，和它在合贊汗（西元 1295 － 1304 年在位）以後改奉什葉派伊斯蘭教不無關係。巴黎國立圖書館所藏拉施特丁《史集》抄本是在 1310 － 1315 年間由大不里士的書法家和畫家完成的，〈窩闊臺接見大使〉、〈大汗蒙哥及其婦人〉、〈拖雷的九個兒子〉等插畫採用中國畫法，表現蒙古人物。大不里士在細筆畫的源流上和中國吐魯番的摩尼教插圖畫家有著不解之緣。從 14 世紀起，許多伊朗畫家都喜歡以蒙古人的形象為題材，同時動物畫也不再是畫家的禁區。在花卉、翎毛的領域裡，伊朗畫家多半向中國畫家鑑借鑑。水墨畫也成為伊朗畫家的模仿對象，中國式樣的荷、萍、蘆葦、牡丹、飛雁也都進入伊朗畫中。風俗畫中的蘋果顯示平安，仙桃預示長壽，延綿不絕的曲線由太極圖衍化而成，畫家的靈感都來自中國的同行。

　　毛織物中氈墊、地毯上的狩獵圖及禽獸有許多顯示中國化的傾向。龍、鳳、麒麟等中國吉祥圖樣也進入了蒙古人統治下的伊兒汗和以後君臨

此地的黑羊、白羊王朝。這些圖像成了 15 世紀書籍的封面畫。一個出土於布達佩斯附近的波斯頭盔是 14 世紀的戰具，上面刻有展翅的對鳳，現藏匈牙利國立博物館 [150]。麒麟在 15 世紀上半葉變成了有火肩的龍馬，在 1438 年的一個抄本封面上就有這樣的圖像 [151]。

　　15 世紀下半葉出現的雲紋也是中國的傳統式樣。在大不里士毛氈中可以見到的一種通用的圖像是奔馳的麒麟、回首奔走的狐狸、坐著的瞪羚、猛獅撲殺大角山羊，加上雲紋、飛躍的野鴨、盛開的蓮花和忍冬。圖樣是伊朗的設計師充分引用傳統題材和中國畫風的結晶，它們都見於德國萊比錫藝術博物館收藏的〈果園〉（*Būstān*, 1552）細筆畫中 [152]。

吐魯番出土紅地狩獵文印花絹

[150]　波普：《波斯藝術綜覽》（A. U. Pope, *A Survey of Persian Art*），第 6 卷，牛津大學 1964 年版，圖 853。
[151]　阿伽・奧格魯：《十五世紀波斯書籍裝幀》（Aga-Oglu, *Persian Bookbindings of the Fifteenth Century*），密西根大學 1935 年版，圖 P1. VIII。
[152]　施爾茲：《波斯伊斯蘭細畫》（W. P. Schulz, *Die Persisch-Islamischei Miniaturmalerei*），萊比錫 1914 年版，圖 70。

　　16 世紀以後，在薩法維王朝（西元 1501 － 1736 年）的細筆畫中，無論人物還是花鳥，無論色彩的運用還是輪廓的勾勒，中國化的傾向都更加有增無已。伊朗繪畫在 15 － 16 世紀深受明代畫風薰染。特別是伊朗西南的伊斯法罕，在明代永樂、宣德、成化年間都有使者派往北京，檔冊中寫作亦思把罕、亦思弗罕。宣德（西元 1426 － 1435 年）、成化（西元 1465 － 1487 年）畫風特盛，中國與伊斯法罕使節、商旅往來尤多，且有華人移居，新興的伊斯法罕畫派於是便極富明代畫院的風格。一幅 15 世紀的伊朗繪畫以纏綿悱惻的民間愛情故事「霍斯羅與希玲」為題材，在中國絹上模仿明畫手法，上部繪一樹一鳥，下部繪有一男一女，身穿伊朗服飾，臉似華人，是一對正在談情說愛的戀人。畫面構思及設色都極富中國色彩，使人難以辨認是伊朗畫家所作中國畫，還是中國畫師描繪的伊朗圖景。同樣在 16 世紀的亞塞拜然，中國式的山石、雲彩與衣著、人物也是米爾札‧阿里、蘇丹‧穆罕默德‧大不里士等彩筆畫家常用的題材。

　　元代的音樂深受回回樂的感染。旭烈兀西征巴格達，卻愛上了當地的音樂家蘇菲丁‧埃爾瑪威創作的伊朗曲子。這位音樂家用波斯語編集了《歌曲集》，撰寫了樂理著作《神聖的使命》、《論音樂節奏》。元、明時代的回回樂舞中，有些是伊朗古曲。伊朗樂器箜篌在元代發展到二十四弦。在明代繼續使用的大樂中也有二十弦箜篌。伊朗的嗩吶、揚琴逐漸成為中國民族樂器序列中不可或缺的成員。

參考文獻

外文部分

01. Abuʻl-Fidāʻ. *Kitāb Taqwīm al-Buldan (text Arabe)*. Par M. Reinaud et la B．
    Mac Guckin de slane, Paris, 1840.
    阿布・菲達・世界史綱・

02. Ackerman, Phyllis. *Tapestry, The Mirrior of Civilisation*. N. Y. -London-
    Toronto, 1933.
    阿克曼・花氈・

03. Aga-Oglu. *Persian Bookbindings of the Fifteenth Century*. Ann Arbor, 1935.
    阿伽—奧格羅・15 世紀波斯書籍裝幀・

04. Al-ʻUmarī. *Masālik al-Absār Fīmamalik al-Amsār*. Tr. Gaudefroy-Demom-
    bynes, Paris, 1927.
    烏瑪里・眼歷諸國記・

05. Al-Nadīm, Ibn. *Kitāb al-Fihrist*. Ed. G. Flugel, Leipzig, 1871-1872.
    納迪姆・百科書錄・

06. Arnold, Thomas W. *Painting in Islam*. OX, 1928.
    安諾德・伊斯蘭繪畫・

07. Asmussen, J. P. *Manichaean Literature, Representative Texts, Chiefly from
    Middle Persian and Parthian Writings*. N. Y. 1975.
    艾斯密孫・摩尼教文獻・

08. Asmussen, J. P. *Xuāstvānift, Studies in Manichaeism*. Copenhagen, 1965.
    艾斯密孫・摩尼教研究・

參考文獻

09. Bahrami, M. *Recherches sur les Carreaux de Revêtment Lustré Dans la Céramique Pesane du XIIIe au XVe siècle.* Paris, 1937.
巴赫蘭米・13 至 15 世紀波斯瓷器研究・

10. Baltrušaitis, Jurgis. *Art Sumérien, Art Roman.* Paris, 1934.
巴爾特沙蒂・蘇美藝術，羅馬藝術・

11. Benoit, F. *L'Architecture Antiquité.* Paris, 1911.
裴諾埃・古代建築・

12. Binyon, Laurence, Wilkinson, J. V. S. and Gray, Basil. *Persian Miniature Painting.* Oxford University Press, 1933.
賓揚等・波斯細筆畫・

13. Bonne, *A. State and Economics in the Midde East. London*, 1955.
波納・中東國家與經濟・

14. Boyce, Mary. *A Catalogue of the Iranian Manusctipts in Manichaean Script in the Germann Turfan Collection.* Berlin, 1960.
鮑伊斯・德國吐魯番陳列室摩尼教稿本目錄・

15. Boyce, Mary. *A Reader in Manichaean Middle persian and Parthian.* Leiden, 1975.
鮑伊斯・中古波斯文、帕提亞文摩尼教讀本・

16. Bretschneider, E. *On the Knowledge Possessed by the Ancient Chinese of the Arabs and Arabian Colonies.* London, 1871.
布萊特史耐德・古代中國人的阿拉伯知識・

17. Browne, E. G. *A Literary History of Persia.* London, 1902.
布朗・波斯文學史・

18. Bryder, P. T*he Chinese Transformation of Manichaeism*. Sweden, 1985.
布里特・中國摩尼教・

19. Budge, E. A. W. *A History of Ethiopia*. London, 1928.
本格・衣索比亞史・

20. Budge, E. W. & Gadd, C. J. *The Babylonian Story of the Deluge and the epic of Gilgamesh*. London. 1929.
本格，葛德・巴比倫洪水傳說和吉爾伽美什史詩・

21. Cerulli. *Somalia*. Roma, 1957.
西魯里・索馬里・

22. Coedès, George. *Textes D'Auteurs Grecs et Latins Relatifs a l'Extrême-Orient*. Paris, 1910.
戈岱司編・希臘、拉丁文獻中的遠東・

23. Contenau, *G. Manuel d'Archéologie Orientale*. Paris, 1927.
康蒂諾・東方考古・

24. Daremberg, C. & Saglio, E. *Dictionnaire des Antiquités Grecques et Romains*. Paris, 1875-1919.
達倫堡編・希臘羅馬古物辭典・

25. Darmesteter, J. *The Zend-Avesta*. F. M. Müller (Ed.). The Sacred Books of the East, IV. Ox, 1880.
達曼斯蒂特・阿維斯陀經・

26. Debevoise, N. C. *Parthian Pottery from Seleucia on the Tigris*. AnnArbor. Michigan, 1934.
德伯伏埃・帕提亞陶器・

27. D'Erlanger, R. *Baron, La Musique Arabe.* Paris, 1930.
德朗格‧阿拉伯音樂‧

28. Devic, L. -M. *Les Pays des Zendis ou la Côte Orientale de L'Afrique du Moyenage.* Nabu Press, 2010.
台維‧桑給國‧

29. Diehl, C. *Manuel d'art Byzantin.* Paris, 1925.
台伊爾‧拜占庭藝術手冊‧

30. Dilley, A. U. *Oriental Rugs and Carpets.* N. Y. -London, 1931.
狄萊‧東方氈毯‧

31. Dodge, B. (tr) *The Fihrist of al-Nadim. Vol. 1-2.* N. Y. 1970-1975.
道吉譯‧百科書錄‧

32. Dwight, H. G. *Persian Miniatures.* N. Y. 1917.
特惠脫‧波斯細筆畫‧

33. Edrisi. *Géographie d'Edrisi.* tr. Del'Arabe par P. Jaubert, 1836, 2 vols.
伊德里西‧地理志‧

34. Fage, J. D. *The Cambridge History of Africa.* Cambridge University Press, 1979.
菲奇‧劍橋非洲史‧

35. Filmer, H. *The Pageant of Persia.* N. Y. 1936.
費爾默‧波斯舞臺‧

36. Firdousi. *The Shahnáma of Firdausí* (trs. AG.-E. Warner). London, 1915.
費爾陀西‧國王紀年‧

37. Fisher. S. N. *The Middle East, A History.* N. Y. 1968.
費希爾‧中東史‧

38. Ghirshman, Roman. *Iran.* PenguinBooks, 1954.

   格希曼・伊朗・

39. Ghirshman, Roman. *Persian Art, the Partian and Sassanian Dynasties.* N. Y. 1962.

   格希曼・波斯藝術・

40. Gibb, H. A. R. & Bowen, Harold. *Islamic Society and the West.* Vol. 1, pts 1&2, London, Ox 1950, 1956.

   吉布等・伊斯蘭社會與西方・

41. Grottanelli, V. L. *Pescatori dell' Oceano Indiano.* Roma, 1955.

   格魯登納里・印度洋漁民・

42. Hawqal, Ibn. *Kitāb Sūrat al-Ard.* 2nd. Ed. J. H. Kramers, Leiden, 1938-1839, BGA・伊本・海克爾・地球的形狀・

43. Herzfeld, E. E. *Archaeological History of Iran.* London, 1935.

   哈茲菲爾德・伊朗考古史・

44. Heyd, W. *Histoire du Commerce du Levant.* Vol. 1~2. Leipzig, 1923.

   海特・黎凡特商業史・

45. Holt, P. M. , Lambton, K. S. , Lewis, Bernard. *The Cambridge History of Islam.* Cambridge University Press, 1976.

   霍爾特等・劍橋伊斯蘭史・

46. Hourani, A. H. *Syrīa and Lebanon.* London, 1954.

   胡拉尼・敘利亞與黎巴嫩・

47. Hourani, G. F. *Arab Seafaring in the Indian Ocean in Ancient and Early Medieval Time.* Princeton, 1951.

   胡拉尼・阿拉伯航海史・

48. Inalcik, Halil. *The Ottoman Empire, The Classical Age, 1300-1600*. London, 1973.

伊那爾塞克・鄂圖曼帝國・

49. Jackson, A. V. Williams. *Zoroastrian Studies*. N. Y. 1928.

傑克遜・瑣羅阿斯德教研究・

50. Jackson, A. V. Williams. *Researches in Manichaeism, with Special Reference to the Turfan Fragments*. Columbia Univ. N. Y. 1932, reprint, 1966.

傑克遜・摩尼教研究．

51. Kammerer, A. *La mer Rouge, l'Abyssinie et l'Arabie Depuis l'Antiquite*. Cairo, 1929-1952.

卡麥里爾・紅海・

52. Khaldūn, Ibn. *Al-Mugaddimah*. 3 vols. Tr. by F. Rosenthal. N. Y. 1958.

伊本・卡勒敦・緒論・

53. Khurdādhbih, Ibn. *Al-Masālik wa'I-Mamālik*. Leiden, 1889, BGA.

伊本・霍達貝・省道志・

54. Klimkeit, Hans-Joachim. *Manichaean Art and Calligraphy*. Leiden, 1982.

克林凱特・摩尼教藝術・

55. Kuhnel, E. *Islamische Kleinkunst*. Berlin, 1925.

科赫納．伊斯蘭文化・

56. Langlois, V. *Collection des Historiens Anciens et Modernes de L'Arménie*. Paris, 1869.

朗洛埃・亞美尼亞歷史彙編・

57. Lewis, B. *Encyclopaedia of Islam*. London, 1978.

路易士・伊斯蘭百科全書・

58. Louis-Frédéric. *Encyclopaedia of Asian Civilizations.* France, 1977,
    3 vols.
    露易斯－弗雷德瑞克‧亞洲文化百科全書‧

59. Marcais. G. *Manuel d'art Musulman*, I. Paris, 1926.
    瑪律塞‧穆斯林藝術手冊‧

60. Martin, F. R. *The Miniature Painting of Persia, India and Turkey.* London,
    1912.
    馬丁‧波斯、印度、土耳其細筆畫‧

61. Mas'ūdi. *Murūj al-Dhahab.* Revised by C. Pellat, 1962.
    曼蘇地‧黃金草原‧

62. Meynard, B. de, & de Courteille. (trs.) *Les Prairies d'or.* 9 vols. Paris,
    1861-1877.
    梅納，科蒂勒‧黃金草原（法文）‧

63. Migeon, Gaston. *Les Arts Musulmans.* Paris, 1926.
    米蓋翁‧穆斯林藝術‧

64. Miquel, André. *L'Islam et sa Civilisation.* VIIe-XXe Siècle. Paris, 1977.
    米蓋爾‧7 至 20 世紀的伊斯蘭文化‧

65. Mohl, J. (trans) Firdousi. *Le Livre des Rois.* Paris, 1877.
    摩勒，費爾陀西‧國王紀年法譯本‧

66. Mufaddal, ibn. *Histoire des Sultans Mamlouks.* Ed. & tr. E. Blochet. Patro-
    logia Orientalis, 1919.
    莫法達爾‧馬木路克蘇丹史‧

67. Münsterberg, O. *Chinesische Kunstgeschichte.* Esslingen, 1910.
    孟斯特伯格‧中國文化史‧

68. Nasr, Seyyed Hossein. *Scienceand Civilization in Islam.* Harvard University Press, 1968.

納薩・伊斯蘭科學與文明・

69. Pankhurst, R. *An Introduction to the Economic History of Ethiopia, from Early Times to 1800.* London, 1961.

潘古斯特・衣索比亞經濟史導論・

70. Pope, A. U. *An Introduction to Persian Art.* London, 1931.

波普・波斯藝術導論・

71. Pope, A. U. (ed.) *A Survey of Persian Art.* London & N. Y, 1938.

波普・波斯藝術綜覽・

72. Procopius. *De Bello Persico.* Eng. tr, H. B. Dewing. London, 1954.

普洛科庇・波斯戰紀・

73. Rensch, R. *The Harp: Its History, Technique and Repertoire.* London & N. Y. 1969.

倫奇・豎琴・

74. Reusch, R. *History of East Africa.* N. Y. 1961.

羅戚・東非史・

75. Reuther, O. *Die Ausgrabungen die Deutschen Ktesiphon-Expedition im Winter* 1928-1929. Berlin.

羅什・德國泰西封考察隊報告・

76. Rice, D. Talbot. *Islamic Art.* Rev. ed. N. Y. 1975.

羅埃斯・伊斯蘭藝術・

77. Rice, T. T. *Ancient Arts of Central Asia.* London, 1965.

羅埃斯・中亞古代藝術・

78. Rimmer, J. *Ancient Musical Instruments of Western Asia in the British Museum.* London, 1969.

里默爾·大英博物館藏古代西亞樂器·

79. Rostovtzeff, Baur. *The Excavations at Dura-Europos.* Preliminary Report of First Season of Work, Spring, 1928, NewHaven, 1929. Second season, 1928-1929, NewHaven, 1931. Third season, 1929-1930, NewHaven, 1932. Fourth season, 1930-1931, NewHaven, 1933.

羅斯托夫采夫·杜拉－歐羅波發掘報告·

80. Rostovtzeff, M. *The Social and Economic History of the Roman Empire.* 2 vols. London, 1957.

羅斯托夫采夫·羅馬帝國社會經濟史·

81. Royal Academy of Arts. *An Illustrated Souvenir of the Exhibition of Persian Art.* London, 1931.

皇家藝術學會·波斯藝術展覽圖錄·

82. Said, Hakim Mohammed. *Al-Bīrūnī Comemoration Volume.* A. H. 362-A. H. 1362. Calcutta, 1951.

薩伊德·比魯尼紀念文集·

83. Salvador-Daniel, Francesco. *The Music and Musical Instruments of the Arab.* Facsimile, 1914.

薩爾瓦多－丹尼爾·阿拉伯音樂與樂器·

84. Sarre. F. *Die Kunst des Alten Persien.* Berlin, 1922.

薩萊·古波斯文化·

85. Sarre. F. *Die Keramik von Samarra.* Berlin, 1925.

薩萊·薩馬拉瓷器·

86. Sarton, George. *Introduction to the History of Science.* 3 vols. Washington, 1931.

　　薩爾頓．科學史導論．

87. Schoff, W. H. *The Periplus of the Erythraean Sea.* N. Y. 1912.

　　索夫譯注．厄立特裏海環航記．

88. Schulz, W. P. *Die Persisch-Islamische Miniaturmalerei.* Leipzig, 1914.

　　施爾茲．波斯伊斯蘭細畫．

89. Shaw, S. J. *History of the Ottoman Empire and Modern Turkey.* 2 vols. Cambridge University Press, 1977.

　　肖．鄂圖曼帝國與現代土耳其．

90. Smith, Charles & Clancy-Smith, Julia. *The Middle East and North Africa.* London, 1983.

　　史密斯等．中東和北非年鑑．

91. Stein, A. *Archaeological Reconnaissances in North-Western India and Southeastern Iran.* London, 1937.

　　斯坦因．西北印度和東南伊朗考古錄．

92. Tabarī. *Ta'rīkh al-Rusul wa'l-Mulūk.* Ed. M. J. de Goeje & others, Leiden, 1879-1901. Cairo, 1939, 5 vols.

　　塔巴里．各民族歷代國王史．

93. Volbach, W. F. & Kühnel, E. *Late Antique, Coptic and Islamic Textiles of Egypt.* N. Y. 1926.

　　荷爾巴哈，科赫納．埃及歷代織物．

94. Volker, T. *Poreelain and the Dutch East India Company.* Leiden, 1954.

　　沃爾克．瓷器與荷蘭東印度公司．

95. Warmington, E. H. *The Commerce between the Roman Empire and India.* Camb, 1928; Rev. ed. Delhi, 1974.

　　威明頓・羅馬帝國和印度的商業・

96. West, E. W. (trans.) *Pahlavi Textes.* Pt. 1, The Bundahis, Bahman Yast, and Shāyast lā-Shāyast. F. M. Maller (ed.), Sacred Books of the East V, Ox, 1880.

　　韋斯特譯・帕拉維文典籍・

97. Yākut. *Mu'djam al-Buldān.* Ed. F. Wüistenfeld, Leipzig, 1866-1873 (ana-static reprint1924); 5 vols. Beirut, 1955-1957.

　　雅庫特・地理辭典・

98. Yarshater, E. *The Cambridge History of Iran.* Cambridge University Press, 1983.

　　雅沙特・劍橋伊朗史・

中文部分

01. 段成式・酉陽雜俎・北京：商務印書館・叢書集成本・

02. 張一純箋注・杜環經行記箋注・北京：中華書局，1963・

03. 龐元英・文昌雜錄・北京：商務印書館・叢書集成本・

04. 周去非・嶺外代答・北京：商務印書館・叢書集成本・

05. 趙汝適著，馮承鈞校注・諸蕃志校注・北京：中華書局，1956・

06. 陳元靚・事林廣記・北京：中華書局，1963・

07. 汪大淵著，蘇繼廎校釋・島夷志略校釋・北京：中華書局，1981・

08. 馬歡著，馮承鈞校注・瀛涯勝覽校注・北京：中華書局，1955・

09. 費信著，馮承鈞校注・星槎勝覽校注・北京：中華書局，1954・

10. 鞏珍著，向達校注・西洋番國志校注・北京：中華書局，1961・

11. 海軍海洋測繪研究所，大連海運學院航海史研究室編・新編鄭和航海圖集・北京：人民交通出版社，1988・

12. 嚴從簡・殊域周諮錄・北京：故宮博物院，1930・

13. 黃省曾著，謝方校注・西洋朝貢典錄・北京：中華書局，1982・

14. 羅曰褧著，余思黎點校・咸賓錄・北京：中華書局，1982・

15. 陳倫炯著，李長傅校注・海國聞見錄校注・鄭州：中州古籍出版社，1985・

16. 謝清高著，馮承鈞校注・海錄注・北京：中華書局，1955・

17. 談遷・國榷・北京：中華書局，1958・

18. 張星烺・中西交通史料彙編・北京：中華書局，1976 — 1977・上海：上海書店，1994 年影印・民國叢書・第五編之 28 — 30 冊・

19. 朱傑勤・中外關係史論文集・鄭州：河南人民出版社，1984・

20. 沈福偉・中西文化交流史・上海：上海人民出版社，2017・

21. 何芳川主編・中外文化交流史・國際文化出版公司，2008・

22. 沈福偉・中國與非洲：3000 年交往史，太原：山西教育出版社，2021・

23. 三上次男著，胡德芬譯・陶瓷之路・天津：天津人民出版社，1983・

24. 蘇萊曼，阿布・宰德・中國印度見聞錄・北京：中華書局，1983・

25. 勞費爾著，林筠因譯・中國伊朗編・北京：商務印書館，1964・

26. 戴文達・中國人對非洲的發現・北京：商務印書館，1983・

27. 張鐵生・中非交通史初探・北京：三聯書店，1965・

28. 馬文寬，孟凡人・中國古瓷在非洲的發現・北京：紫禁城出版社，1987・

29. 鄭和研究資料選編・北京：人民交通出版社，1985・

30. 桑原隲藏著，陳裕菁譯・蒲壽庚考・北京：中華書局，1929・

31. 羅香林・蒲壽庚研究・香港：香港中國學社，1959・

32. 希提著，馬堅譯・阿拉伯通史・北京：商務印書館，1979・

33. 馬金鵬譯・伊本・巴圖塔遊記・銀川：寧夏人民出版社，1985・

34. 夏德著，朱傑勤譯・大秦國全錄・北京：商務印書館，1964・

35. 林悟殊・摩尼教及其東漸・北京：中華書局，1987・

36. 林悟殊・波斯拜火教與古代中國・臺灣：新文豐出版公司，1995 年・

37. 林梅村・古道西風 —— 考古新發現所見中西文化交流・北京：生活・讀書・新知三聯書店，2000・

38. 郁龍余編・東方比較文學論文集・長沙：湖南文藝出版社，1987・

39. 阿里・馬扎海里著，耿昇譯・絲綢之路 —— 中國波斯文化交流史・北京：中華書局，1993・

40. 愛德華・盧西・史密斯著，米淳譯・世界工藝史・北京：中國美術學院出版社，1993・

41. 張至善編・中國紀行・北京：三聯書店，1988・

42. 葉奕良編・伊朗學在中國論文集・北京：北京大學出版社，1993・

43. 卡爾・布羅克爾曼著，孫碩人等譯・伊斯蘭教各民族與國家史・北京：商務印書館，1985・

44. 阿爾伯特・馮・勒柯克著，趙崇民、巫新華譯・中亞藝術與文化史圖鑑・北京：中國人民大學出版社，2005・

45. 貝格曼著，王安洪譯・新疆考古記・烏魯木齊：新疆人民出版社，1997・

46. 格魯塞著，常任俠、袁音譯・東方的文明・北京：中華書局，1999・

47. 中亞文明史（五卷本）・北京：中國對外翻譯出版公司，2002・

48. 拱玉書・西亞考古史（1842 － 1939）・北京：文物出版社，2002・

49. 孫機・中國聖火・瀋陽：遼寧教育出版社，1996・

50. 羅世平，齊東方·波斯和伊斯蘭美術·北京：中國人民大學出版社，2004·

51. 王瑞珠·世界建築史·西亞古代卷·北京：中國建築工業出版社，2005·

52. 謝弗著，吳玉貴譯·唐代的外來文明·北京：中國社會科學出版社，1995·

53. 趙樂甡譯·吉爾伽美什 —— 巴比倫史詩與神話·南京：譯林出版社，1966·

54. 杜蘭著·東方的遺產·北京：東方出版社，1999·

55. 博伊斯著，張小貴、殷小平譯·伊朗瑣羅亞斯德教村落·北京：中華書局，2005·

56. 李光斌譯·異境奇觀 —— 伊本·巴圖塔遊記·塔奇校訂·北京：海洋出版社，2008·

後記

　　大約 10,000 年前，世界開始進入農藝作物的初始階段，從而揭開了世界三大文明體系的漫長歷史。世界文明的歷史進程可以劃分成前期、後期和晚期三大階段。前期，在亞洲東部，是以發端於南稻北粟、兼有溼地和旱作農業的中華文明為代表的東亞文明；在亞洲西部，是以美索不達米亞文明為代表的西亞文明；在歐洲南部和非洲北部，是以地中海地區為主的地中海文明。三大文明體系雖彼此相距遙遠，但它們各自透過向周邊地區不斷擴大的活動區域，彼此之間逐漸產生電磁效應，直接或間接地從其他文明體系那裡獲得新知識與新技能，從而產生新的動力，推進社會的發展。後期，在亞洲東部萌生了由中國主宰的佛教文明中心，在亞洲西部則是以阿拉伯文明為核心的伊斯蘭文明的興起，更新了世界文明的格局。從此，在全球範圍內形成了以歐洲為主體的基督教文明，以西亞、北非為中心的伊斯蘭文明，以東亞為中心的佛教文明，形成三大宗教文明鼎足而立的格局。晚期，隨著不同文明在地域上的拓展和相互衝突，最終演繹成東亞佛教文明、亞洲西部和非洲的伊斯蘭文明、歐洲及以後美洲的基督教文明等三大文明鼎足而立的局面。這三大文明不斷地在彼此之間交流、衝突、適應與替代的過程中更新與重塑著自己的演變軌跡。

　　從某種意義上說，西亞文明曾是世界文明最核心的地區，它對於溝通東方與西方、大陸文明與海洋文明等產生過不可替代的承前啟後、彼此互動、推陳出新的作用。研究東亞文明與西亞文明之間互相促進、互相交流的歷史，是世界文明史中具有啟蒙意義的重要環節。寫作本書，只是我為後學者更加深入研究所做的拋磚工作。

後記

　　1994 年，我參與了百卷本《中華文化通志》的編纂工作，親自撰寫了《中國與西亞、北非文化交流志》，1997 正式付梓。2010 年又利用出版《絲綢之路：中國與西亞文化交流研究》之機，對舊稿作了修訂，增加了十多年來我和許多研究者有關的研究成果。又十年後的 2020 年，應出版社之約，我將中國與西亞的文化交流史志單列出來，根據大量史實對舊作進行大幅修訂，增加了近十年來許多鮮活的新的考古資料，使本書具有與時俱進的時代感。不過，由於我涉獵不廣，見聞有限，書中不足之處在所難免，若能做到盡力減少錯漏，已算略有進步了。剩下的工作在於引玉，只能有待於比我更加年輕的後學者來進一步深入研究了。

沈福偉

中國與西亞文化交流史（起源篇）：

薩珊錢幣、米提亞衣料、蜻蜓眼玻璃珠……座落兩大流域的古老文明，交織出絢爛多彩的歷史遺產

作　　者：沈福偉

發 行 人：黃振庭

出 版 者：崧燁文化事業有限公司

發 行 者：崧燁文化事業有限公司

E-mail：sonbookservice@gmail.com

粉 絲 頁：https://www.facebook.com/sonbookss/

網　　址：https://sonbook.net/

地　　址：台北市中正區重慶南路一段六十一號八樓 815
室

Rm. 815, 8F., No.61, Sec. 1, Chongqing S. Rd., Zhongzheng
Dist., Taipei City 100, Taiwan

電　　話：(02)2370-3310

傳　　真：(02)2388-1990

印　　刷：京峯數位服務有限公司

律師顧問：廣華律師事務所 張珮琦律師

定　　價：320 元

發行日期：2024 年 01 月第一版

◎本書以 POD 印製
Design Assets from Freepik.com

國家圖書館出版品預行編目資料

中國與西亞文化交流史（起源篇）：
薩珊錢幣、米提亞衣料、蜻蜓眼玻
璃珠……座落兩大流域的古老文
明，交織出絢爛多彩的歷史遺產 /
沈福偉 著 . -- 第一版 . -- 臺北市：
崧燁文化事業有限公司 , 2024.01
面；　公分
POD 版
ISBN 978-626-357-873-9(平裝
1.CST: 文 化 交 流 2.CST: 文 化 史
3.CST: 中國 4.CST: 西亞
630.9　　112020286

電子書購買

臉書

爽讀 APP